U0600318

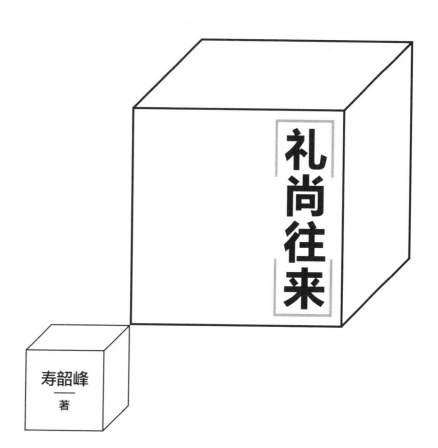

礼尚往来

寿韶峰

著

上海交通大学出版社
SHANGHAI JIAO TONG UNIVERSITY PRESS

图书在版编目（CIP）数据

礼尚往来 / 寿韶峰著. -- 上海：上海交通大学
出版社, 2023.5
ISBN 978-7-313-28555-3

Ⅰ.①礼… Ⅱ.①寿… Ⅲ.①礼品－风俗习惯－中国
Ⅳ.①K892.26

中国版本图书馆CIP数据核字(2023)第062452号

礼尚往来
LISHANGWANGLAI

作　　者：寿韶峰
出版发行：上海交通大学出版社 　　　　　地　　　址：上海市番禺路 951 号
邮政编码：200030 　　　　　　　　　　　电　　　话：021-52717969
印　　制：唐山富达印务有限公司 　　　　经　　　销：全国新华书店
开　　本：690 mm × 980 mm　1 / 16 　　　印　　　张：10.75
字　　数：116 千字
版　　次：2023 年 5 月第 1 版 　　　　　　印　　　次：2023 年 5 月第 1 次印刷
书　　号：ISBN 978-7-313-28555-3
定　　价：48.00 元

版权所有　侵权必究
告读者：如发现本书有印刷质量问题请与印刷厂质量科联系
联系电话：010-83670070

目　录

第一章　礼尚往来：送礼物的攻略提要

第二章　仪式感，让亲密关系更健康

第三章　把握恰到好处的社交分寸

第四章　场景盘点：必不可少的礼物

第一章

礼尚往来：送礼物的攻略提要

第一节　送礼的本质：送感情

　　做事情讲究方法，送礼物也不例外。中国自古就有礼尚往来的传统，如今，送礼已经成了一种重要的沟通方式。送礼既是一门艺术，又是一门学问，送给谁、怎么送、送什么都大有讲究，绝不能胡送、乱送、滥送。送一份恰到好处的礼物能让你在事业、工作、情感上取得事半功倍的效果。

正确理解"送礼"的含义

　　礼物，像一份宣言。它宣告了你与对方的关系：是亲密无间的朋友，还是互尊互敬的合作伙伴？是可以随意洒脱，还是要做到礼节周到？是君子之交，还是有利益纠结？……

　　礼物也间接反映了你自己的形象：是富有，还是穷困？是慷慨，还是吝啬？是细心体贴，还是粗心大意？是情趣高雅，还是功利庸俗？……

　　对于接收者，礼物也是个象征：他的才能得到承认，关怀换来感激，健康被人牵挂，性格赢得赞赏……

　　送礼，是人际关系中很重要的一项内容。每件礼品，都是双方性格、品质的延伸；每件礼品，都在无形中调整着双方的关系。礼品可以帮助建立或挽救一种关系，也可能改变或结束一段关系。礼品的选择和赠送都至关重要，可现实却是，真正擅长挑选礼物的人并不多。

礼物承载的，不是金钱和利益，而是感情。金钱有价，情义无价。一般情况下，礼物贵重与否，并不能决定礼物的价值。

唐朝时，有个藩王派人送一份礼物给皇帝，礼物是一只漂亮的天鹅。

带着天鹅上路的人，名叫缅伯高。他风尘仆仆地赶路，到了沔阳时，看到天鹅身上很脏，决定给它洗个澡。没想到他刚把天鹅放到沔阳湖中，天鹅就趁机飞走了。

送给皇上的贡品竟然飞走了，怎么交差呀？这可是杀头的重罪。缅伯高捡起几根天鹅飞走时掉下来的羽毛，痛哭失声。

他越哭越伤心，竟然写了一首诗："将鹅贡唐朝，山高路远遥。沔阳湖失去，倒地哭号号。上复唐天子，可饶缅伯高。礼轻人意重，千里送鹅毛。"

后来，他果真带着几根鹅毛呈献给皇上。皇上深受感动，不但没有惩罚他，而且还亲自款待。

这就是"千里送鹅毛，礼轻情意重"的来由。它清晰深刻地表明了礼物的真正意义。所以在赠送礼品时，千万不要把送礼行为庸俗化，否则不但无法实现真正的感情交流，还会很破费。选择礼物时，要考虑它所承载的思想性、艺术性、趣味性、纪念性等因素。

第二节　让对方知道你的心意

礼物是感情的载体,送礼的目的是让收礼的人感到高兴,从而传达自己的感情,或者使自己所求之事得到满意的答案。所以送礼对于礼物的要求就是能够打动对方,并给对方留下深刻的印象。

那什么样的礼物是最受人欢迎的呢?这就需要对对方的兴趣爱好做一个了解。比如,有的人喜欢喝酒,你可以带上陈年美酒去看望他;有的人是戏迷,你可以送他两张头等座的戏票;有人喜欢读书看报,你可以送他一套精装版的世界名著,或者给他订阅一份报刊;有人喜欢古玩字画,你送他一件贵重电器就不如送他一幅心仪已久的名人字画。这就是所谓的投其所好,送礼送到心坎上。

陈教授六十大寿结束后,在整理寿礼时发现了一方包装精美的端砚,这台砚在一大堆食品、保健品、鲜花中格外显眼。陈教授平时最大的爱好便是书法,端砚又是我国十大名砚之首,格外珍贵。查看礼品名单后发现,原来这件礼品是学生中的小张送的,没想到这个平时默默不语、埋头干活的男生竟然这样有心。

有些人送礼的时候也会精挑细选,但送礼的效果不是太好。因为他们选择的是自己非常喜欢的礼品，而忽略了对收礼人的考虑。每个人的喜好和品位是不一样的，送礼的目的是取悦、打动别人而不是自己。送礼之前可以了解一下对方的兴趣和爱好，也可以旁敲侧击地问一下收礼的人对什么感兴趣，这样就能送出一份贴心的礼物，给别人留下一个好印象。

投其所好，还有另外一层意思，就是投其"家人"所好。当年，美国电影《E.T.外星人》热映时，有位先生去拜访朋友，买了两只"E.T."玩偶送给朋友的两个小孩儿，结果两个孩子特别高兴。从那次起，每次这位先生到家里来，两个孩子都叫他"E.T.叔叔"，每次见面都其乐融融。

类似的情况可能很多人都体会过。的确，很多时候，与其送礼给朋友，还不如送礼给他的家人效果更好。更重要的是，这种针对家人的礼物，会使双方的交情发生质的变化。如果你与对方只是工作关系，那么通过这种方式，就会在一定程度上挣脱"公事公办"的束缚，而建立更为私人化的亲密关系。

需要注意的是，送家人的礼物，不仅要很有人情味儿，而且要有些令人意外，否则就无法达到上述效果。比如，你送压岁钱给小孩儿，只会给人以礼节性的感觉，是无法让人产生意外惊喜的。

送礼需要投其所好，体贴入微，送到心坎上。但切忌目的性太强、想法太深，否则效果适得其反。有一个关于南宋大奸臣秦桧的故事，生动地说明了人心的难测。

南宋绍兴年间，广西梧州府有个冯太守。此人无才无德，专善溜须拍马，正是因为巴结上了宰相秦桧，才当上了太守。冯太守对恩公感激涕零，挖空心思想找机会尽一尽自己的"孝心"。

机会终于来了，这一年是秦桧的五十大寿。大家争着送礼，宰相府堆满了金银珠宝。冯太守觉得这种礼物太平庸，秦相爷还差那点儿财宝？要送就得送点特别的。可到底什么才算特别呢？冯太守伤透了脑筋。

师爷提醒冯太守，贵重与否并不重要，关键是要"投人所好"。最后，二人决定先去相府摸摸底，弄清楚秦大人最需要什么。几天后，打探清楚。原来，秦桧惯于陷害忠良，为遮人耳目，特地在宰相府修建了一处密室，名叫"一得阁"，密室即将竣工，却找不到一块合适的地毯……

秦桧寿诞之日，送礼者络绎不绝，珍宝琳琅满目。就在这时，收礼的管家高声唱道："梧州太守冯成献上孔雀毛地毯一条！"

地毯展开，流光溢彩，光灿夺目。秦桧抚摸着地毯爱不释手。当晚拿到"一得阁"一试，尺寸竟然丝毫不差。

冯太守送礼回来，得意非凡。可惜，没过几天，京城就传来圣旨，列举冯太守的诸多劣迹，将他打入大牢。不久之后，他不明不白地死在了牢里。

秦桧为什么要杀他呢？这是因为，密室之所以叫作密室，关键在于私密。现在密室刚刚完工，冯太守就送来了地毯，而且尺寸大小毫厘不差。这样的心机，是多么让人不安呀！于是秦桧找了个借口，杀掉了冯太守，以绝后患。

在当代社会中，当然不存在这种危险。不过，类似的顾忌还是要有的。比如，你送的礼物不要涉及对方的隐私，礼物要符合彼此关系的亲密度，不要越界。

　　送礼的时候顺带着祝福、关怀的话语会起到更好的效果。对父母、长辈可以感激一下他们多年的养育之恩；对小孩可以表扬和鼓励他们学习和生活上取得的成绩；对爱人和恋人可以说一些甜言蜜语，让对方为拥有你而幸福；对朋友和同事可以给予工作和生活上的鼓励；对老师和上级要感谢他们对自己的培养。

　　如果是有事求人送礼的话，要让对方知道你的目的。千万不要把礼品硬塞下就走掉，自己还觉得大功告成，这反而让收礼的人莫名其妙。把礼物送上之后，要谈一下自己的目的，一般只需要顺便提及一下，对方心领神会即可。很多事情只需蜻蜓点水地提一下，对方便会心领神会。一般双方心知肚明即可，不要捅破那层窗户纸，尤其是在公共场合人多的情况下，免得尴尬、难堪。如果把礼物送到对方家中，恰巧对方不在家，你可以在走的时候告诉他的家人你的姓名和单位，事后再打电话把事情提一下。

第三节　礼物轻重要得当

　　礼物的轻重很关键。对于关系不太亲密的人来说，太轻的礼物拿不出手，还会被别人误解为瞧不起他。这样不但达不到送礼的目的，还给别人留下了一个吝啬的印象。但是，如果礼物太贵重，又会让接受礼物的人不舒服，还有受贿之嫌，特别是对于工作中的领导、同事来说更是如此。如果不是有求于人，而是单纯表达感情的话，送领导、同事的礼品花费，占你月工资的十分之一比较合适。这个价位的礼物不会让收礼的人觉得为难，也不会给自己增加太多的负担。

对于关系密切的亲朋好友、恋人、长辈来说，重情不重礼。昂贵的、超出自己承受范围的礼品会让对方感到不安，一般都会极力婉言谢绝。即使勉强收下了，日后也会找时机还回这份大礼。对于关系亲密的人来说，不要让别人接受你礼物的同时感到对你欠下了人情，这样就失去了送礼的意义。一份精致的、贴心的小礼品就足够表达出你对亲人的感恩和对友情、爱情的珍惜。《白毛女》中，杨白劳在大年夜送了喜儿二尺红头绳，这再简单不过的礼物蕴含着浓浓的深情，不仅感动了喜儿，每一个观众也都会被感动。

甲、乙两个房地产公司在年末内部财务审计的时候发现，甲公司的业务招待费是乙公司的三倍。甲公司老总没有因为这项费用比别的公司多支出而责备手下，因为他的年度利润比同等规模的同行都要高。而乙公司老总面对着公司惨淡的业绩，不会去表扬为他"省了钱"的部门，否则就是捡了芝麻，丢了西瓜。

在原始社会，权势和利益的体现非常赤裸，所以在收受礼物方面出现过一些令人难以置信的现象。有的部落首领，会将别人赠送的最贵重的礼物当众摔碎，以此炫耀自己是多么的富有、多么的伟大。而所罗门群岛的美拉尼亚人则将送礼作为竞争的手段。按照当地贵族的婚姻风俗，新郎在向新娘求婚时，要送去大量贝壳，也就是钱；新娘一家，为了表示自己很气派，会回赠大量活猪，而在当地生活中，活猪意味着更大的财富！新郎一家为了不被比下去，会继续赠送贝壳，而新娘一家会继续回赠活猪。最后的结果，往往是其中一方两手空空，再无可赠——当然，除了对方赠送给自己的东西，但这些东西是不能回赠的。

在当代社会中，不会再出现如此赤裸和荒唐的情况。如果你想表达你最真诚的祝福、最崇高的敬意、最贴心的关爱，就一定要以诚相待。要知道，最打动人的礼物，是真诚的爱心，而不是送金钱，更不是个人的虚荣。

我们需要时时提醒自己：礼物的价值与价格是不相等的。最令人激动的礼品，是那些让人始料未及但又"深合我心"的礼物，是那些不带任何附加条件的礼品，是赠送者发自心底希望对方快乐而挑选的礼品。

送礼的最高境界是给双方带来快乐。最低境界是送礼者苦思冥想、瞻前顾后、掂量再三，最后战战兢兢、患得患失地送出去；而受礼者不得不仔细揣摩对方心思，并考量自己该如何应对。两种情况，不但境界高下立判，而且即使从功利角度看，效果也大相径庭，前者无心插柳柳成荫，后者机关算尽太聪明。令人遗憾的是，在当代社会中，后一种情况更为常见。如果你能做到前一种，无疑会出奇制胜。要做到前一种，要从内心修炼自己，就是发自内心地关爱别人，爱心是无往不胜的武器。

当然，在某些特殊场合，是可以或者应该赠送"豪华"礼品的，比如庆祝第一个孙子（女）的出生、某个特殊的纪念日或婚礼、某个重要的聚会等。恰当的"豪华"会鼓舞人气。当然，这里所说的"豪华"不见得非得花很多钱，中国有句俗语"物以稀为贵"，少见的礼品也可以带来奢华的感觉；有的时候，甚至这种奢华只是因为丰富多样、数量大，比如，你可以送给喜欢的女孩百八十个颜色各异、质地不一的发夹，虽然每个并不贵重，但是你暗自留心、一个个收集起来的。一下子收到这么多，女孩子肯定非常高兴，她会感觉到你的用心，要的就是这种感觉。

🎁 第四节　送礼讲究时机

很多人送礼不成功或者效果不好是因为没有找好时机，没有找好一个恰当的理由。没有缘由的礼品会让别人碍于面子，或者担心外界议论而推辞。这样不仅没有达到想要的效果，还使得双方关系变得尴尬，得不偿失。如果你这份礼物是在对方生日、升职、逢年过节或者子女考上了一个好的大学的情况下送去的，对方就不会有太多的顾虑，很容易接受。以后，你有求于他，肯定会得到重视，多关照你。

传统节日是送礼的好时节。元旦、春节是一年的开始，这个时候可以送上一份寓意奋发向上的礼物，祝愿对方在新的一年里取得好的成绩。

中秋节可以给长辈、领导和同事、朋友送一份象征团圆的礼物。重阳节是老人的节日，这时应该给长辈送上一份实用、体贴的礼物，让他们度过一个安乐的晚年。

此外，三八妇女节、五一劳动节时可以给朋友和同事送上一份精致的小礼品，表达对妇女和劳动者的崇敬。六一儿童节，送给孩子一份玩具或者学习用品，祝愿他们有一个快乐的童年。教师节的时候给辛苦的老师送上一份礼物，表达祝福和感恩。国庆节可以带领父母、家人一同出去旅游，送他们一份体贴和孝心。

除此之外，生日、升职、婚嫁、子女升学、乔迁等日常生活中的喜事也都是送礼的好时机。在被邀请参加私人家宴的时候，也可以给女主人和孩子带上一份礼品。

在节日之外，也是可以送礼的。而且，当某人失意的时候，送给他一份鼓舞人心的礼物，就更显珍贵。对于沙漠中干渴的人来说，一袋黄金不如一瓶清水，后者更让人发自内心地感激。在送礼问题上，"雪中送炭"的效果要比"锦上添花"好得多，如果你能在朋友最艰难的时候施以援手，无论是物质上还是感情上，都会让他终生难忘。如果朋友遇到意外之灾，你及时去看望，即使只能备上一份薄礼，双方的感情也会更加深厚，因为礼轻情意重。

如果对方卧病在床，就更要表示关心。人一旦生病，就会变得比较脆弱，多愁善感，连平时在意的虚荣也顾不上了。这个时候，他最需要的是真诚的关心，最渴望的是心灵上的交流。这个时候，无论你多忙，都应该抽时间去看望，带上礼物，真诚而轻松地与他交谈。如果你没有机会去探望，在其病好后遇到，应简单问一下对方身体恢复情况，切忌装作不知道，更不要愧疚地辩解自己实在太忙，抽不开身，这些话会让人觉得你很虚伪。探视病人，是不能拖延的。

明确了送礼的目标，选择好了礼物之后还要注意送礼的时间、地点和场合。对于长辈生日、朋友结婚之类的要当面送礼，并表示祝福。对于关系亲密的人，送礼的时间、地点和场合禁忌比较少。而在职场上送礼的时候就要留一下心，免得造成尴尬。

如果是送上司一个咖啡杯、一个装点办公桌的仙人球之类的小礼物，就大大方方地到他的办公室去送给他，并说明自己的心意，相信他一定不会拒绝。

送人礼物要注意场合，一般来说要避开他人。当众给一群人中某一个送礼，会让受礼的人有不适和受愚弄的感觉；而其他没有得到礼品的人，也会感到受冷落和被轻视。给亲密的人送礼品传达到情谊就行了，有时候也没有必要让全世界人都知道，除非你想让别人见证你的幸福，让大家监督你的感情经得起考验。

礼品也可以"事后"再送，迟到的礼物看似失去了意义，其实不然。在某些特定的场合有意识地推迟送礼时间甚至会起到更好的效果。比如，你的好朋友将要结婚了，亲朋好友、同事、同学送的礼品已经将这对新人"淹没"。这时你可以对他说："我想等你们安顿下来，看看还缺什么再送你们礼物。"你的朋友一定会感激你的体贴、细心。朋友出国深造的时候别人都送上礼物表达离别的祝愿，你也可以把礼物等到他学成回国的时候再送上，显得更用心、更特别，更能让朋友感动。

🎁 第五节 注意对方的习俗和禁忌

每个民族和地区都有习俗和禁忌，在送礼的时候我们一定要弄清楚，免得到时难堪，甚至造成反目成仇、事与愿违的局面。

比如，在中国有"好事成双"的说法，凡是喜事送礼一般讲究礼品数量是偶数，禁忌单数。但有的人则忌讳"4"这个偶数，因为在他们当地的话中，"4"听起来像"死"，非常不吉利。在有的国家，白色是一种纯洁、高贵的颜色，常常用在礼品上。但是在中国，白色、黑色都有大悲、哀丧、凶灾的寓意，非常不吉利。而红色是喜庆祥和的象征，是中国人逢年过节、婚嫁、寿辰上用得最多的颜色，受到人们普遍的欢迎。另外，给老人送礼不能送钟表，因为送钟与"送终"谐音。同样的道理，给夫妻和情侣送水果不能送梨，因为梨与"离"谐音。这些都是地域习俗中的禁忌，是送礼的时候不能犯的错误。

除此之外，送礼还要考虑对方的身份和其他方面的禁忌。比如不要给一个女孩子送减肥书，尽管你的初衷是希望她变得漂亮，但她可能会感觉受到了嘲弄。对于身体健康的朋友和老人可以送保健品，但是不要送药品，这是不吉利的礼物。如果对方只是一名普通的车间工人，你就没必要送一套高档的咖啡杯套件；对方非常讲究品位就不要送商场打折的处理品，这些都是不符合身份的礼物。再就是，与异性只是好友和上下级的关系就不要送一些贴身衣物、首饰等礼品，这些都是恋人关系才适合送的礼物。

随着我们社会的发展和开放，有个外国朋友也不再是一件稀罕事儿。为显示友好，弘扬文化，在给外国友人送礼物时也要特别注意相关的习俗和禁忌。

📦 第六节　怎样避免被拒绝

送礼最怕的就是被拒绝，无论是严词拒绝还是委婉谢绝，甚至事后找理由回了同样价值的礼品都算是失败。这样一来不仅没有达到送礼的初衷，还使得双方的关系变得尴尬，得不偿失。究其原因可能是对方"油盐不进"，也可能是送礼的人没有下足功夫。这里有几招可以做参考。

一、不要让对方感觉你是在送礼

小宋是老总的秘书，很受重用。对于老总的培养，他一直想送一件礼物来表达自己的感激之情。但是逢年过节老总便提前声明不准送礼，这让小宋苦于无处下手。一次偶然的机会，小宋发现老总办公室墙壁上的装饰画是印刷制品，而且有的地方已经褪色。恰巧自己的哥哥是美术学院的老师，家里有几幅中国当代名家的油画作品。小宋征得哥哥同意后，便挑选了几幅色彩奔放、生机盎然的向日葵油画挂到了老总的办公室。老总发现后，对这几幅作品大加赞赏，听说是小宋自己家的东西，便也没多加过问。就这样，一次送礼便完成了，小宋也少了一份心理负担。

二、迂回作战

张先生一直想结识自己行业里面的"老大"王先生，但是王先生是出了名的"冷面无情"，既不接受邀请，也不接受馈赠，这让张先生有点无可奈何。偶然的机会，张先生得知王先生的儿子和自己的女儿是同班同学，并且酷爱动画片。于是，他去动漫城买了一堆时下流行的动漫玩偶和模仿动漫中的武器制作的仿真模型。当张先生到王先生家拿出这些礼物的时候，王先生的儿子一下子就被吸引住了，并且玩得不亦乐乎。看到自己孩子这么高兴，王先生也笑了，并与张先生攀谈起来。就这样，虽然没有把礼送给"当事人"，但是起到了同样的，甚至更好的效果。类似的情况还有给对方的夫人送一套化妆品，给对方的老人送一幅字画，等等。考虑对方家人的喜好有时候也是一种途径。

三、暗度陈仓

很多时候，有人拒收礼物是不想让别人破费，免得欠下人情。这个时候你可以送一些自己老家的土特产品，并说明是让大家尝尝鲜，东西不珍贵，又没花钱。这个时候对方一般便会放下戒心，接受你的美意。如果对方还有推辞的话，你可以说大家都有份，他们已经给过了。这样的话，对方便会不再担心你的功利心态，坦然收下礼物。其实，拿人手短，吃人嘴软。再微薄的礼物，接受的人都会表现出感激之心。

四、借花献佛

送礼的时候可以说自己这些东西是以出厂价买来的，如果收礼的人非要给钱的话可以象征性地收一个极低的数目，嘴上说就当帮他们捎一件。这样的话，收礼的人便会心安理得，不再有顾虑。

看到对方家里缺少什么家具、电器便可送上一个，并声称是自己家里正好多了一套，闲着也是闲着，不如变"闲"为宝，哪天不用了，还回来就是。虽然名义上是借，久而久之，就跟送没什么太大的区别。

如果对方喜欢喝酒，可以提上几瓶好酒到对方家做客。不妨就说酒是别人送的，自己拿来一起品尝。这样一来，既拉近了关系，又没有表现出送礼的痕迹。

五、找好组织

有的时候跟想要结识的人是八竿子打不着的关系，这种情况可以借着对方生日或结婚之类的喜事同别人一起送上一份礼物。既然礼物是大家一起送的，又是喜庆的时刻，不可能遭到拒绝。等事情过去之后，可以找别人介绍认识，并顺便提起当时在礼物筹备时你是主要的策划，这时，对方必然会对你刮目相看。"团结就是力量"这句话真没错，有时候送礼还真得借助"集体的力量"。

六、送礼必须有由头

毫无来由的馈赠会让人心生疑惑。古语所谓"礼节"，就带有"节制"的含义。不能随心所欲，不能送得没有意义，否则对方会觉得你别有用心。

另外，即使送礼有由头，也不能频率太高，否则"由头"的合理性会遭到质疑。送礼是一项感情投资，并不是一次性完成的，需要有一定间隔，自然而随意。

七、根据对方生活条件选择礼品

礼品的选择有时候要参考一下受礼人的生活条件，"雪中送炭"的礼物比"锦上添花"的礼物更能让人铭记在心。

首先，对于那种资产丰厚的人来说，送礼要以精巧、稀奇为佳。他们不缺少生活用品，一般的装饰品和奢侈品也不能让他们动心，这个时候你可以送一些独一无二的、花钱也买不到的东西。比如，一幅名家的字画、一件绝世的古玩等。

其次，有的人虽然谈不上腰缠万贯，财力雄厚，但也是衣食无忧。这种人的生活条件一般比较好，送他们礼物应该注重选择有生活情调的。比如，上等的葡萄酒、一幅精美的油画等。

再次，有的人生活条件一般或者比较差，你送他们红酒、油画显然是不合适的，对他们来说礼物应该以实用为佳。比如一套厨具、一件家电、一件家具等都是比较好的选择。在一个人困难的时候，送他一份礼物，他会对你格外感激。

最后，如果是送与你同等生活条件的人礼物，最好根据对方不同的身份分别选择。比如，送恋人、情人、夫妻的礼物要突出纪念性，送朋友、同学的礼物要突出趣味性，送老人的礼物要突出实用性，送外宾的礼物要突出特色性。

八、送礼要落落大方

有的人到对方家里去送礼不好意思开口，等到临走主人出来送别的时候才拿出礼物，有时主人会因为谦虚、客套不肯接受，双方便在门口拉拉扯扯，推推搡搡，送礼的想冲进屋子把礼品强行留下，主人则使出浑身解数不让这名"客人"进屋。嘴中都是客套的话语，身上则是野蛮的动作，这种情形令人尴尬不已。

　　怎样才能避免上面这种情况出现呢？最好的方法就是进门寒暄几句之后，直接奉上礼品，这样即使主人客套几句，也不会出现拉拉扯扯、"被赶出门"的情形。如果错过了最初的送礼时机，主人去倒茶或者拿水果的间隙也是礼品"上台"的好机会，这样不会打断主人的谈话，也使得礼品的出现不会变得突兀。

　　送礼也要落落大方，切不可趁着别人不注意把礼品悄悄地放在桌下或者藏于某个角落，即使事后主人发现了你的礼品，对你的抱怨也会大于惊喜。送礼应该让对方高兴接受，而不是强行派送。

　　在中国传统习惯中，收礼的人会说一些夸奖礼品精美和"让你破费了"之类的客套话。这个时候送礼的人可以说："只是一点心意。"不能没完没了地说这件礼品是多么贵重，多么有来历，让收礼的人觉得不自在。在介绍礼品的时候应该着重强调自己想要表达的情意，而不是一味地夸奖自己的礼品，否则对方会觉得你另有所图。落落大方是社交礼仪的基本规范，送礼也要遵循。

　　这里要提一下礼物的价签和发票问题。曾有人收到一个晚辈赠送的微波炉，可惜不久微波炉就出了故障，由于没有发票，不知道去哪里退换或者保修；如果向那个晚辈索要，似乎又有抱怨礼物不好之嫌。

　　为了避免这种情况，有些时候，我们要根据礼物的价值、性能，以及双方的关系，综合考虑。如果必要的话，应该在奉送礼物的同时把发票也带上。这样就免去了后顾之忧，否则，花了钱却给主人留下麻烦，何必呢？

九、不能送的礼物
....

大部分人不会接受陌生人的礼物，不会接受跟自己不熟悉的人送的贵重礼物，对于意想不到的礼物会小心对待……这些提醒送礼者，如果想恰到好处地送礼，应该设身处地想一想，如果你是受礼者，你会拒绝哪些礼物？

不同的人在接受同样的礼物时会有不同的反应，因为同样的礼物对于不同的人是有不同意义的。不过，总是有一些共同点，最常见的令人难以接受的礼物，有以下几种：

1. 一件暗示需要回报或尽义务的礼物；

2. 一件让受礼者觉得赠送者并不是真的愿意送出的礼物；

3. 送礼者居高临下送出的礼物，似乎送礼就是为了表示自己的优越，或者暗示对方：我要控制你；

4. 一件过于贵重或过于珍贵，让接受者受之有愧的礼物；或者在一个特定场合，送出比其他人贵重得多的礼物；

5. 一件送礼者喜欢，而受礼者不见得喜欢的礼物，这说明送礼者并没有真的为受礼者着想；

6. 给小孩送宠物，但并未征得小孩父母的同意；

7. 给即将长途旅行回家的人送体积庞大或者容易损坏的礼物。

类似的礼物还有很多。总的特征是，这种礼品没有以对方为中心。所以，要想挑选并送出最合适的礼物，设身处地为对方着想，是成功的关键。

十、使礼物更有意义的几个办法
······························

送礼不能临时抱佛脚，而是应该在日常生活中逐渐积累，比如多了解他人的爱好，随时搜集各种有特色的物品，这样，一旦需要送礼，就有很多选择余地，定位会更准，礼物也会更有个性，不至于一时无从下手。以下几个方面的建议，省时省力，操作简单，可以尝试。

· 送主要礼品的同时，送上一个附属礼品

这种送礼方式，显得更亲切、随意、体贴入微。比如，送一个皮夹给刚刚大学毕业的外甥，皮夹里面放两张演唱会的门票，一张给他，一张给他的女朋友；或者送一个野营帐篷给年轻的朋友，外加一把瑞士军刀；而对于老年人，可以送他一个摇椅，再给他订一份健康类的报纸；如果某人喜欢读书，可以给他买一本经典图书，外加一个精美的笔记本……

以上送礼方式，显然更富有生活气息，感情浓烈。如果送礼能送出感情来，可以说是送礼的最佳效果。

· 培养收藏的兴趣

既可以替别人收集，也可以自己培养这个爱好，无论怎样，都会使你的生活更丰富多彩。可以收藏或搜集的东西很多，比如邮票、老相机、瓷器、镜子、木器、编织物、书籍、玩具、模型、首饰、奖章、镜框、小盒了等。

如果你的某个朋友喜欢搜集瓶子，那么当他生日的时候，你送给他

一个很少见的瓶子，他会非常高兴。这种送礼的方式，算得上是送到了心坎里。

如果你的朋友喜欢旅游，或者喜欢大自然，那么当你送给他一块带有地域特色的石头或者植物的时候，他肯定会爱不释手。

送给对方他最喜欢的物品，表明你真正关心这个人，对这个人的生活和兴趣很感兴趣。一般说来，谁关心我们，我们就会对谁产生好感，在此基础上建立的关系，才是最可靠的关系，是真正可以互相帮助的。

· 博物馆类礼物

如果你正在寻找非同寻常的礼物，那么博物馆的礼品店是最值得去的地方。无论是自然博物馆、历史博物馆、军事博物馆、人文博物馆、美术馆、建筑博物馆等，还是某些旅游景区、大学的礼品部，你都可以找到一些独具特色的好东西。各种珍贵物品的复制品、图片、塑像、书籍等，都可供选择。如果你想送一个精致的昆虫标本给自己的好朋友，那么你会在哪里找到呢？毫无疑问是动植物类博物馆的礼品店。就像某些建筑、桥梁、舰船的微缩模型，也不是随处可见的。

· 关注一下各地特产

当代人的生活工作越来越紧张，就像上好了发条的机器，按照既定的轨道循环往复，对于大部分人来说，他们的心情是单调烦闷的。如果在这个时候，能够接触一些新鲜的、外界的气息，他们会眼前一亮，精神一振。

送外地特产给朋友，能起到类似的作用。这里所说的特产，绝不要狭隘地理解成吃的东西，而是更广泛意义上的，只要具有地方特色就可以。比如北京的景泰蓝工艺品，天津的泥人张彩塑、天津砖刻，山西的酒和醋，内蒙古的蒙古族银器、毛绒制品，浙江的龙井茶、东阳木雕，南京的雨花石，等等。如果你要出差，可以买一些带回来，养成这样一个习惯，你储存的礼物就会越来越丰富、独特。

· 在礼物上刻上对方的名字

中国商界最引人注目的人物之一，巨人集团总裁史玉柱，多年来从不离身的有两样东西，一是刻有他名字的紫砂壶，一是 KENT（健牌）香烟。

对于大部分人来说，刻有自己名字的物品，都会在心目中占有很重要的位置，尤其是当这个物品常用、耐用或者贵重的时候更是如此。如果你能送这样一件礼物给对方，他肯定会很受触动。

能够镌刻名字的礼物很多，包括木质的、石质的以及泥塑等很多工艺品或日用品，比如水杯、笔筒、石头、钢笔、盒子等。现在各地都能找到"玩泥巴"的小店铺（大多命名为"陶吧"），你可以在里面制作自己喜欢的瓶子、罐子以及其他小工艺品，然后或者烧制，或者直接加颜色，当然也可以在上面刻上名字或者祝福语。这种亲自动手做出来的礼物，再加上专门的祝福语，会很让受礼者感动和珍惜。

· 礼物不能狭隘地理解为实物

礼物，可以是某种实物，也可以只是一段谈话，或者实物与解说相结合。比如，你可以送一个石雕的笔筒，在上面刻录对方最喜欢的一段格言，或者对方曾经说过的某句话；你也可以在情人节那天送给女友一朵玫瑰，然后在请她吃饭的时候给她讲讲情人节的由来。这种解说，会带来更为醇厚的气息，其效果往往不是简单的实物所能达到的。

当然，礼物还有一种常见的形式就是现金。有些人认为，送钱是庸俗的，作为礼物也是最缺乏想象力和感情的。事实上，在现实社会中，如果你和对方的关系足够亲密，那么送钱也许是最为体贴周到的一种送礼方式。因为你不见得真的知道他最需要什么物品，但是几乎可以肯定的一点是，他会用你送的钱买到他最需要的东西。尤其对方是个刚毕业不久的大学生，是你很久没有见过面而且不太了解的年轻亲戚，是收入有限的长者，或者是新婚夫妇……

送钱做礼物，也可以稍微委婉一些，比如送礼品券，供对方到特定的超市或者商场去消费。

· 出人意料的礼物最好

"意外的惊喜"，是送礼的最高境界。要达到这种境界，有两条途径。第一种情况，是你所送的礼物让对方意外，但又"深合我心"。这要求你深入、全面地了解对方，而且充分地发挥自己的想象力。第二种情况，是你送礼的方式很让人意外。比如你想在圣诞节送礼物给女朋友，那么你可以偷偷把礼物藏在女友暂时看不到的地方，比如床头、枕头边、枕头下面、枕头里面、被子里、袜子里，如果她躺下睡觉时在被子里意外地发现了一个暖暖的毛绒玩具，那是多么温馨的事情呀。

· 亲手制作的礼物最温馨

礼物最根本的意义，在于表达感情。你能送出的最珍贵的礼物，就是真心。对于大部分人来说，朋友亲手绘制的一幅素描，会比一条昂贵的项链更值得珍惜，因为前者代表的是送礼者的心。即使是那些很功利的人，其内心深处仍然是渴望关爱的。

亲手制作的礼物，最能够表达你率真、坦诚的关爱。一幅画，一个手工模型，一个陶罐儿，一件笨拙的木雕，只要是你自己制作的，都会散发出可亲的气息，是送人的最佳礼物。

· 制作一个礼物备忘录

送礼是人际往来中很重要的一项，值得为此而专门准备一个本子，记录内容包括：何时何地向何人赠送了什么礼物，有什么值得特别注意，等等。如果你送礼的对象比较固定，可以以人为类别，用口取纸（会计用来分类的标签）标记。这样的备忘录，可以提醒自己该送礼了，而且送什么样的礼物最恰当。这样的记录本，在填写的过程中应该是令人愉快的，可以把双方收受礼物时的心情、怎样包装的等相关信息都记录下来。

我曾经送给朋友一套瓷器，可是三个月后，其中一个杯子被他不小心摔碎了，他非常喜欢这套瓷器，不愿意一整套瓷器中缺了一个，于是向我询问，在哪里可以买到同款。像这种情况，如果你有备忘录，当然能够立即帮他实现自己的愿望。不过，我采用了另外一种方式，我自己去那家商店买了一个，再次送给了他。

· **包装很重要**

送人的礼品不同于自用，不仅要有好的内容，也要有好的形式。红花还需绿叶衬，包装就是这个绿叶。没有一个好的包装，再好的礼品也上不了台面，再高档的礼品也会显得寒酸。另外，你的礼品便是你的"形象代言人"，注意细节的人往往会给人留下好的印象。

作为礼品的一部分，包装既要精美，也要与礼品相称。你想送别人一件古董，你可以选择古朴的根雕底座加上雅致的包装盒，如果你选择的是 Hello Kitty 的包装纸那趣味就大变了。

礼物选好了之后可以让商店包装也可以带回家自己包装。商店包装技术好，但是样式单调，千篇一律。带回家自己包装可能技术会略显粗糙，但是会让礼品带上自己的特色，成为一件绝对独一无二的礼物。就以最简单的水果为例，你可以回家做一个水果篮，盛入各种水果，底下铺上彩纸，上面覆上保鲜膜在果篮提手上系上蝴蝶结，漂亮又个性。这和用超市的塑料袋子提到人家去绝对不是一个效果。

不过，包装虽然重要，切不可舍本逐末。就像天价月饼一样，如果收礼人打开光鲜亮丽的包装发现里面的月饼都发霉了的话，也不会对你这个送礼人有什么好印象。

另外，包装上或者礼物上要标记你的名字，以免对方不知道送礼者是谁。当然，几句简单的祝福之后再落款，可要比单纯的签名温馨得多。如果你的包装里不仅有礼物，还配上一张漂亮的贺卡，在贺卡上写祝福语和签名，那就更好了。

最后，无论你的礼品价值 5 元还是价值 500 元，大部分情况下，都要把标签撕掉。送一份明码标价的礼物只会让人有两种想法，一是提醒对方，我这份礼物可是花了多少多少钱；二是让对方给自己送东西的时候不能低于这个数。一个小小的价格标签，就能把送礼带出去的情谊彻底打碎。这是不明智的，也是不礼貌的。

📦 第七节　收到礼物之后

接受礼品之后，首先要做的就是赞美一番，并表示感谢。既不要无动于衷，也不要一惊一乍，而是要"优雅"地接受，礼貌地道谢。不管礼物是否让你开心，这都是必须要做到的。

大部分情况下，是不能当场拒收礼物的。除非礼物过于不恰当，比如过于贵重，相关的附加条件太多，或者有收受贿赂之嫌，等等。

接受礼物后，如果还是觉得不该收下，可以在对方离开后，找个合适的时机，用邮寄之类能够避免当面尴尬的方式，将其退还给对方，并附上"非常感谢你的好意，但是……"之类的条子，说明你的理由。理由要充分，让对方无法反驳；同时，措辞要礼貌、委婉，要讲究策略，不要让对方难以接受。比如，你可以先赞美这件礼品，然后说明按照公司的严格规定，员工不可接受与自己有业务往来的人的礼品，等等。

如果完全接受一件礼物，那道谢是必不可免的。如果礼物并不是当面收到的，就必须尽快找机会当面道谢或者电话道谢。要赞美礼物，最好能说说这个礼物被派上了什么用场，或者让某位朋友非常赞叹之类的。要真诚，给人以深刻的印象。对于西方人来说，他们可能会回寄卡片或感谢信，这种情况可能在中国比较少见，但如果你觉得送礼人比较洋派，也不妨尝试。要注意的是，手写的信件更能体现礼貌。

在婚礼上接受礼品，需要安排专门的桌子并派专人登记。礼品可以摆放，但是不应打开来看。礼金要封好，不必让别人看到送礼者的姓名，更不能让人知道金额。这是非常重要的。

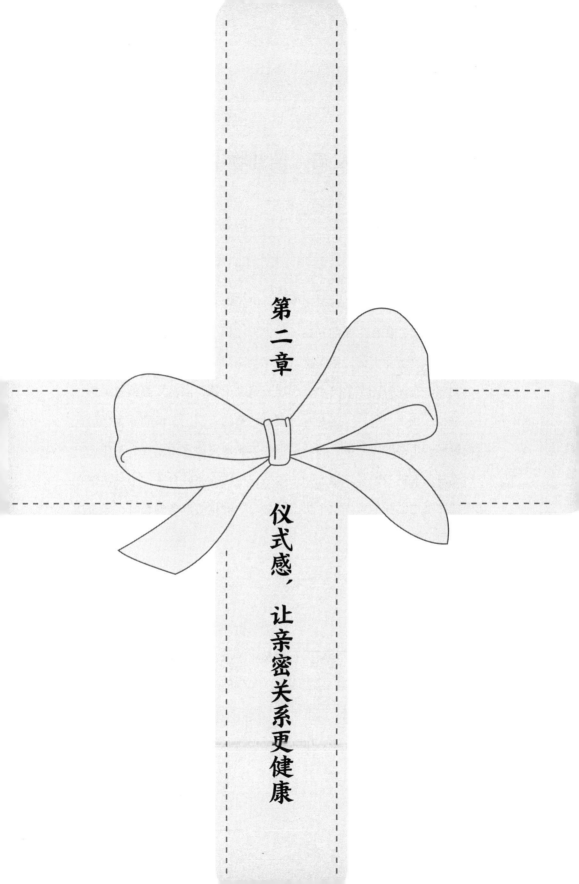

第二章

仪式感，让亲密关系更健康

🎁 第一节　送父母：用礼物说出含蓄的爱

余光中在诗歌《母难日》（今生今世）中写道："我最忘情的哭声有两次，一次，在我生命的开始，一次，在你生命的告终。第一次，我不会记得，是听你说的。第二次，你不会晓得，我说也没用。但两次哭声之间啊，有无穷无尽的笑声，一遍一遍又一遍，回荡了整整三十年，你都晓得，我都记得。"这是对母亲最深情的告白，父母的养育之恩，我们穷尽一生都无以回报。当我们羽翼丰满地飞离家的温巢，不要忘记身后逐渐佝偻的身影和永远关切的眼神。中国人比较含蓄，不习惯整天把爱挂在嘴边，我们可以找个机会送父母一份精心准备的礼物，来表达那说不出口的感激和爱。

一、送亲情

就像开头说到的，送礼物的本质是送感情，这是一个不变的原则和初衷。我们给父母送礼物，只为表达对父母的感恩和关怀，所以挑礼物时，一定要以此为出发点。以下就是一些可行的选择，供大家参考。

围巾：若在寒冷的冬季，给父母买一条保暖舒适的围巾，抵挡冬日严寒，既实用又贴心。

电动剃须刀：给父亲的礼物似乎很难决定，电动剃须刀是个不错的选择。父亲用了多年的手动刮胡刀，用起来很不方便，一不小心还会刮破脸，这时候电动剃须刀就派得上用场了。

纪念照：随着智能手机的普及，人们对手机的依赖性越来越大，越来越多的事物都留在了电子记录里。不妨在父母生日或结婚纪念日时，挑选一些承载美好记忆的照片打印出来，做成定制相册送给父母，这会是一份非常有意义的礼物。

陪伴：儿女的陪伴应该是父母最期待也最难得的礼物了。如果有时间，坐下来跟父母聊一聊，谈谈最近的工作生活，聊一聊父母过去的故事。当一个坦诚的讲述者，也当一个忠实的听众，听父母讲述当年值得骄傲的时光。一家人在一起其乐融融，既拉近了与父母之间的距离，也加深了感情。即使你已经成家立业，整日忙于工作，也不要忘记定期回家看看父母。有时候，给父母的礼物没有太多华丽与深沉的含义，一顿团圆饭便是最好的礼物。

大部分父母对子女的要求并不多，一心只盼着孩子能够健康、快乐、幸福地生活。当儿女的，对于这份无私的爱最好的回馈就是要体贴、用心、懂得感恩。

二、送健康

父母操劳半生，身体多少都有些不好，随着年龄的增长，出现一些疾病是不可避免的。因此子女在送礼物的时候就要注意多从健康方面着想，父母有一个健康的身体，也是做儿女的福分。

· 食品

父母的年龄不大的话没必要吃太多的保健品，主要是注重平时的饮食健康与调理，平常可以给父母买一些健康的食物，比如清热解毒的蜂蜜、新鲜的应季水果、可以养血补气的山枣。此外，茶叶、茶具、红酒都可以列入考虑的范围。如果经济条件允许的话，买一点品质不错的人参、燕窝之类的补品也是不错的。

· 保健用品

送父母的保健仪器不像送别的长辈那样有太多的顾虑，如果父母经常腰酸背痛就送他们一个健康按摩椅，也还可以备一些血压计、电子体温计和血氧仪，让父母随时可以知道自己身体的健康状况，做到早预防、早发现。其他一些保健仪器如健康枕、脊椎医护腰垫、足疗仪等，都是送父母比较好的选择，平常也要提醒父母多注重锻炼身体。如果时间充裕，可以和家人一起去外地旅行；如果时间不充裕，可以周末去爬山，或者野餐，到野外走一走，呼吸一下新鲜空气，不仅有利于身体健康，还能使人心情舒畅。

三、因经济条件而定，不用强求

给父母送什么样的礼物要根据自己的经济条件而定，不用追求奢侈的礼物。大部分老一辈的人小时候生活艰难，全靠自己打拼才有了现在的家庭、事业。父母平时生活节俭，看不得铺张浪费。送他们礼物的时候不必也无须太过奢侈。诚然，你的经济条件优越时，偶尔买一点贵重的礼物，父母可能会感到高兴；如果你经济条件一般，或者刚毕业参加工作，就不建议给父母买超出自己经济实力的礼物，否则就会事与愿违，还可能招致父母的抱怨。

四、了解父母的兴趣爱好

平日里，收到自己喜欢的礼物你必然会既惊喜又开心，因为这样的礼物包含着满满的用心。但我们有多少人可以笃定地说完全了解父母的兴趣爱好呢？又如何送给父母一件他们喜欢的礼物呢？这就要动一番脑筋了。在挑选礼物之前，想一下父母的喜好，对什么感兴趣，平时经常提到什么，或者眼下最需要什么。如果这些问题搞清楚了，送出一份让他们喜欢的礼物也就不是一件难事了。

如果父亲平日里喜欢养花养鸟，可以去花鸟市场上挑个礼物；如果父母喜欢舞蹈、歌剧、话剧，就留心一下剧院的演出公告，可以送父母演出票；如果听到他们常念叨过去，怀念当年时光，可以带他们到城郊去吃一顿地道的农家宴，找寻记忆中的味道。想送出让父母高兴的礼物，只需平时稍加留意，多关注父母生活的细节，准备一份暖心的礼物其实不难。

如果确实掌不准父母的需求，或者自己对一件礼物非常中意，不知道父母会不会喜欢，这种情况下也可以直接询问他们。宁愿让这份礼物失去神秘感，也不要盲目送出一份父母可能不喜欢的礼物。

再有，给父母送东西应该是经常性的，生活中只要发现他们有什么需求，就尽量送给他们，不一定非得等到逢年过节才送，毕竟给父母送东西是一种加深感情、增进沟通的途径。

五、逢年过节送礼金，简单实惠

直接送钱听上去俗气，却是最实际的办法之一。如果你经济条件不错，如果你已经成家立业不和老人一块居住，如果你常年在外地，不能在老人身边陪伴，那么逢年过节，或在父母生日的时候包一个大红包，也是一个很好的选择。这样父母平时愿意吃什么、穿什么、用什么，都可以去自由选购。父母一般都有储蓄，你这些孝敬的红包根本花不着，即使如此，他们还是会感到很高兴。红包可以单独送，也可以和其他礼物一起送。如果觉得看上去太功利或者身处外地不方便的话，也可以把钱存入银行卡里，送银行卡给父母。

六、给父母送花要注意寓意

在节日或者父母的生日、结婚纪念日，可以选择送花表达你对他们的感恩和祝福。鲜花可以单独作为礼物来赠送，也可以先送鲜花，再拿出礼物。适合送父母的鲜花有很多，你可以根据每种鲜花不同的寓意进行挑选。

· 适合送父亲的花

不同的地方有不同的讲究。在西方，人们通常送父亲黄色的玫瑰；而在日本，则必须送白色的玫瑰。除了玫瑰，适合的花还有以下几种。

非洲菊：非洲菊的外形像太阳，寓意着热情无私的父爱，适合送给性格开朗、性情豁达的父亲。

天堂鸟：天堂鸟不仅名字好听，而且色彩鲜艳迷人，适合送给帅气俊朗的父亲。

太阳花：太阳花寓意着伟大的父爱就像太阳一样，在他的关怀下，子女才能茁壮成长。

万年青：万年青叶子翠亮，代表着青春永驻，可以送给身体健康、性格开朗的父亲。

剑兰：剑兰寓意坚强，适合送给那些爱家、顾家、护家，为了家人在外面打拼的父亲。

福禄桐：顾名思义有福有禄，祝父亲福星高照，升官发财。

仙人掌：虽然仙人掌外表平凡，但是寓意着吃苦耐劳、艰苦朴素，适合送给勤俭节约的父亲。

· 适合送母亲的花

一提起送母亲的花，人们便会想起康乃馨。早在一百多年前人们便把康乃馨定义为母亲节的象征，它也出现在最早的母亲节纪念邮票中。康乃馨种类繁多，主要通过花色来区分，不同的颜色有不同的寓意。

白色康乃馨：代表纯洁、信念、永恒，表示对母亲永恒的爱。

黄色康乃馨：代表着感恩，表示对母亲的感谢。

粉色康乃馨：代表着年轻美丽，表示祝愿母亲不惧岁月，永远美丽。这也是送母亲最多、最受欢迎的一种颜色。

米红色康乃馨：淡淡的米红色表示单纯无私，表示对母亲的爱纯洁无瑕。

深红色康乃馨：代表着热烈奔放，表示对母亲的尊敬和感恩。

有斑点和条纹的康乃馨：表示道歉，用来送给闹矛盾中的母亲。

除了康乃馨，其他适合送母亲的花还有忘忧花、玫瑰、百合等。这些花既可以单支送，也可以整束地送。还可以几种花搭配起来送给母亲，比如红色康乃馨、粉玫瑰、白百合和白色紫罗兰搭配，用高山羊齿的绿叶作映衬，表示母亲的怀抱最温暖，母亲是在世上最温馨的港湾；红色、粉色康乃馨配上黄莺绿叶，表示幸福长久。我们可以选择自己搭配，也可以直接选择花店已搭配好的花束，然后再进行选择。

母爱是全世界最伟大、最无私的爱。自孩子出生的那一刻起，母亲就多了一份永远的牵挂。从学习、工作到成家立业，她们对子女的关怀无微不至。在逢年过节或母亲生日时，送上一份精心挑选的礼物，既能表达自己的感恩之情，又能让母亲开心一下。我们在给母亲送礼物时要注意，给不同类型的母亲选择礼物要有不同的侧重点。

· 贴心型母亲

贴心型的母亲大多乐意和子女互诉衷肠，双方也没什么秘密。除了母亲的身份，她们对子女而言也是朋友。给这类母亲选择礼物时要注重精神层面，让她们感受到你对她们的理解。鲜花是送这类母亲不错的选择，如代表着自己衷心祝福的康乃馨、表达对母亲辛勤操劳感激的香水百合、代表着爱你一生的各色玫瑰。

除了鲜花，我们还可以选择给母亲写一封信、一张贺卡，或者一个电话问候，勇于把对母亲的爱说出口。中国人喜欢把感情埋在心中，不喜欢表达出来。可能有人会觉得给母亲写信是过时的事情，尽管母亲在日常生活中也能体会到你的孝心和感激，但是当她在你的亲笔信中看到，或在电话中听到你亲口说爱她的时候，她一定会很高兴。我们需要含蓄里的深情，同样也需要直白的表达。

· 事业型母亲

有一类母亲为了家庭，整日在外面劳苦奔波，打拼事业。给她们选择礼物，要区别于平常，送一些让她们在公众场合更有魅力、更有自信的礼物比较合适。

事业型的母亲客人多、应酬多、出入公共场合多。送她们的礼物不在于贵重，要在细节处体现精美、雅致、脱俗、独一无二。可以选择一套适合她们的化妆品；也可以精心挑选一瓶适合母亲气质的香水，芬芳的气味让人们心情愉悦，可以给初次见面的人留下一个好印象；珠宝首饰既能体现出你的孝心，又能增加母亲在公众场合的魅力；一张健身卡或者美容卡也可以；除此之外，一套职业装、一枚雅致的胸针等，都是送给事业型母亲很好的选择。

· 主妇型母亲

这类母亲是最辛苦的，整日为家务操劳。给她们送礼物，主要是注重实用。母亲整日围着锅台转，无比劳累。这时候我们可以选择一些智能型家电或者按摩仪，帮助母亲减轻劳动量，缓解疲劳。此外，可以选择为母亲做一顿大餐。平日里都是她们照顾一家人的生活起居，作为家人应该懂得感恩和回馈。平时只要有空，可以多帮母亲分担家务，哪怕是一顿简单的家常饭，都能让她们感到欣慰。

· 勤俭型母亲

这类母亲勤劳俭朴大半生，看不得铺张浪费。纵使对儿女的孝心感到高兴，也难免会对一些价格过高的或者不实用的礼物感到心疼，甚至会抱怨两句。逢年过节或者生日的时候给她们送红包就是可行的选择。把钱送到她们手中，把礼品的选择权交给她们。这样一来，既体现了做儿女的孝心，也能让母亲高兴。

送钱不是唯一的选择。如果母亲舍不得吃穿，又把钱替你存到银行去，就有违送礼的初衷了。我们每个人都想让母亲好好享受一下生活，如果经济条件允许，也可以送些高档的、实用的东西。比如操作方便的家电，用着更舒服的家具等，让她们觉得物有所值，也就不会觉得有多心疼了。

当父亲的一般比较内敛，不愿意把自己的内心世界展现出来，更多的是默默地付出，可能他们最开心的事就是看到自己的孩子长大了，懂事了。做子女的，对深沉的父爱，唯有回报以诚挚的感恩。那怎样才能让父亲感受到自己的心意呢？在传统节日、父亲生日、父亲节的时候送上一份称心的礼物，就是一种很好的形式，相信父亲一定会很高兴。

· 如果父亲爱好运动

喜欢运动是一件好事情，做子女的应该大力支持。可以给父亲买太阳帽、遮阳镜或者跑鞋，要注重品质和舒适度。此外，运动衫、球拍、护具、健身器材、健身卡等都可以。总之，他们有个好身体，是做子女的最愿意看到的事情。

· 如果父亲比较儒雅、有情趣

这样的人大都是热爱生活、懂得品味生活的，给这类父亲送礼物要符合他们的兴趣。可以送一本老爸喜欢的书、一本难寻的老书或者是父亲喜欢的作家的新作；如果父亲喜欢音乐、歌剧，可以送他们唱片、音响等；如果父亲喜欢收集，可以送他们一套最新出的纪念邮票或者纪念币；养花侍草是很多父亲闲暇时的爱好，可以去花鸟市场挑两盆好花送父亲，也可以送种子、花盆、园艺工具等。另外，字画、文房四宝、陶瓷工艺品、订阅报刊，都是很好的选择。

· 如果父亲是很勤恳的上班族

父亲在外面为家庭打拼，十分辛苦。我们可以送一些日常的生活用品，在细节处体现关心。如果父亲的工作需要经常坐飞机，很可能导致休息不好，可以送他们 U 型枕、眼罩等旅行常备的物品。电动剃须刀、新款的衬衣和领带、公文包、钢笔、钱包、皮带等都可以列入考虑的范围。

· 怀旧礼品（钢笔、手表、打火机）

让人感动的礼物不一定是最新潮的，尤其是对中老年人来说。有时候，送一份怀旧的礼物可能会起到更好的效果。了解一下父亲年轻时的追求和梦想，有什么是他们喜欢或者难忘的，从这些方面考虑挑选出来的礼品，一定会让父亲感动。

李健最近一直被送父亲什么生日礼物的问题困扰着，送点什么好呢？父亲现在衣食无忧，也不缺什么。满大街礼品店里摆的都是时下流行的玩物，父亲对此也没有兴趣，买回来很可能被束之高阁。在一次和母亲的偶然谈话中，李健得知父亲年轻的时候做梦都想要一块梅花牌手表。不过由于种种原因，父亲最终也没能买到。那个时候手表是奢侈品，不是一般人能买得起的。后来生活变好了，父亲也就把这件事情忘到了脑后。李健查到，最近正好有一款怀旧款式的梅花表上市，于是赶紧订购了一块。在父亲生日那天，李健把这款怀旧的手表送上的时候，父亲高兴极了。

这类礼品除手表以外还有很多，比如旧款的钢笔、经典款式的打火机、具有忆旧气息的留声机，都是很好的选择。这些老物件都能够让父亲回想起年轻时候的美好时光。

· 为父亲下厨

父子之间的感情是很微妙的，双方都关心彼此，但又都不愿表达，就算倾诉也会去找母亲。在父亲生日或者父亲节的时候，可以亲自下厨为他们做一顿饭菜，以表孝心，如果手艺不佳，可以找母亲帮忙。在饭桌上陪父亲说说话，还可以陪父亲喝两盅，聊聊家常，谈谈自己最近工作方面的问题，这是他们很关心的。听听父亲对这些事情的看法，饭后还可以陪父亲出去散散步，这样你就会发现父亲的爱，博大、厚重。对父亲的理解，是送父亲最好的礼物。

· 父母结婚纪念日送什么

父母的结婚纪念日是个重要的日子，不仅对于父母来说是这样，对于子女来说也是如此。没有父母的结合就没有这个家庭，在这个特殊的日子，做儿女的应该送上一份有意义的礼物，既是对过去的纪念，也是对未来的祝福。

· 拍一组家庭写真集

美满、幸福的家庭是对父母当年走到一起最好的奖励。可以拍摄或制作一套家庭写真集，记录过往的岁月和生活中每一个快乐的瞬间。这份礼物一定会让父母感到惊喜和欣慰。

日常生活中有不少照片，包括小时候的婴儿照、学生时期的毕业照、出去游玩的留念照，可能还有结婚照。找一下父母的照片，无论是过去的老照片还是这些年的新照片，不论是个人照还是全家福，把这些照片都收录到一个精致的相册中，让这本相册展现出这个家庭一路走到今天的发展历程。

在翻看相册的时候，他们随时都会回忆起过去的美好，并感受到儿女的体贴。

· 带父母去拍婚纱照

父母结婚的那个年代，物质贫乏，他们大都只留下了一张结婚照。你可以找出这张结婚照去照相馆修复、翻洗，然后精心装裱起来，等到父母结婚纪念日这天送给他们，给他们一个惊喜。

另一个好的办法是带领父母去拍一套婚纱影集。这既是对当年遗憾的弥补，又是对现在幸福的见证。母亲的婚纱可以选择怀旧风格的，当子女的也可以一同入镜，充当父母的伴娘、伴郎，如此也很有纪念意义。

· 安排一次蜜月之行

在父母结婚的年代可能还不流行度蜜月，或者无力承担度蜜月的费用。现在生活好了，不妨趁着父母的结婚纪念日给父母安排一次蜜月之行，让他们好好享受一下生活。不过要注意，如果时间充裕，尽量不要赶在假日人多的时候出游，在出行时间、预定餐厅等细节安排上要到位。

· 根据婚龄送出礼物

父母的婚龄越长，越是值得纪念。例如人们常说的银婚、金婚，我们可以参考与父母的婚龄相对应的说法来选择礼品。当然，也并不是说金婚就一定要送金制品，银婚就一定要送银制品，取的只是一种寓意。

下面就是一些不同婚龄结婚纪念日所对应的称谓以及适合的礼品。

10 周年：锡婚，适合送厨房用品和装饰品等；

11 周年：钢婚，适合送汽车、五金制品等；

12 周年：麻婚，适合送衣服、围巾、丝巾等；

13 周年：花边婚，适合送床罩、窗帘、台布等；

14 周年：象牙婚，适合送雕刻品、工艺品等；

15 周年：水晶婚，适合送水晶制雕塑品、工艺品摆件等；

20 周年：瓷婚，适合送瓷器、瓷雕塑像、瓷制餐具等；

25 周年：银婚，适合送银制餐具、首饰、装饰品等；

30 周年：珍珠婚，适合送珍珠制品；

35 周年：珊瑚婚，适合送珊瑚、珠宝和收藏珍品；

40 周年：红宝石婚，适合送红宝石制品；

45 周年：蓝宝石婚，适合送蓝宝石制品；

50 周年：金婚，适合送各种金制首饰和收藏品以及镀金物品、纯金装饰品；

55 周年：翠玉婚，适合送玉镯以及玉石制工艺品；

60 周年：钻石婚，适合送钻石、珠宝等；

70 周年：白金婚，适合送贵重物品；

75 周年：钻石婚，适合送纯金制品镶嵌钻石、翠玉、蓝宝石片或蓝宝石珠。

其中，最经常被隆重庆祝的是银婚和金婚。不但要送礼物，而且会把它当成一个团圆的日子，邀请亲朋好友一起庆祝。

⛩ 第二节　送长辈: 如何把礼物送进长辈心坎里

　　"家家有老人，人人都会老。"敬老爱老也是中华民族的传统美德，我们今天的生活和成就离不开长辈长期默默的支持和鼎力相助，也可以说，关爱今天的老人就是善待明天的自己。在逢年过节或长辈生日的时候，带上一份精心挑选的礼物前去看望，可表达自己的感恩和祝福。

一、表达感恩的礼物

　　给长辈送礼最关键的是要让他明白你的感恩之心。在话语间让长辈知道，自己如今的惬意生活、工作上的成绩都离不开长辈多年的关怀和帮助。尊老爱幼，这是我们经常讲的"人之常情"。长辈们不会在乎你的礼品是否贵重，此时的礼物只是一种载体，长辈们看到你生活幸福、事业有成，会觉得无比欣慰，这是最关键的。如果此刻你的一份礼物能讨得老人家的欢心，那是再好不过的了。

二、关爱健康的礼物

　　长辈年纪大了，身体不如以前结实、硬朗，这时"送健康"便成了给老人送礼的一个重要主题。无论是保健品还是保健器材，让老人安度晚年是每个晚辈的心愿。"送健康"的途径很多，下面就是一些参考礼品。

· 营养品、补品

很多老年人心血管都不好，可以送维生素 C，它不但能促进新陈代谢，提高人体免疫力，还有促进排毒的作用。有人开玩笑说："如果世界上真的有长生不老药的话，那就是维生素 C。"此外，鱼油有清洁心脑血管的作用，可以预防多种心脑血管疾病发作，被称为"血管清道夫"。其他的如胡萝卜素等都对老人的健康有好处，可以买来孝敬老人。

俗话说，"药补不如食补"。我们也可以去买一些传统的、有滋补功效的营养品来给老人吃，像常见的燕窝、人参等。我们要尽量注意到更多的细节，为老人的健康着想，做再多的事情也不会嫌麻烦。

· 保健与养生类

人上了年纪，血压便成了健康的"晴雨表"，我们可以在逢年过节或者老人生日的时候送上一台电子血压计，时时关注老人的健康。到了冬天若是屋内干燥的话，还可以买个加湿器，既能净化空气又能防止老人哮喘。此外，按摩椅、足疗仪之类的都是不错的选择。

按摩和足疗能够充分改善身体的微循环，缓解肩周炎、颈椎病、腰椎病引起的疼痛，加速血液循环，对于老人来说是非常好的保健方式。我们可以带老人定期去做按摩，如果你空余时间多的话，也可以学几招，自己在家给老人按摩。

在送老人这些器材时要考虑到他们的年龄已经很大，腿脚和眼睛都不如从前，尽量挑选带电子显示和定时开关功能的保健器材。多考虑一些贴心的细节，这不仅能体现一份礼物的诚意，更能表达我们内心对老人真诚的感恩与关怀。

· 带长辈去体检

体检也能当成礼物？是的。关于老人的健康，平时的注意和预防必不可少，但是想真正对长辈的健康情况做到心中有数，还是需要到医院做一个全面的体检，这是对长辈的健康负责任的表现。趁着逢年过节或者长辈生日，选择一家正规的医院为老人做一个全身的体检，给老人的各项情况做一个健康评估，让健康数字化、科学化。长辈身体健康，我们才安心。

三、贴心实用的礼物

长辈们有着丰富的生活阅历，历经沧桑后更追求去繁求简，他们大都比较注重节约、朴素，一些比较花哨的礼物就没必要送了，实用、耐用的日常用品反而是更好的选择。那如何才能做到送长辈一份贴心实用的礼物呢？那就要我们多留心，多观察，了解长辈的生活状况、身体情况，多关注生活细节。比如，可以给经常在沙发上打瞌睡的长辈买一个躺椅，给喜欢运动的长辈买一个合适的运动装备或居家健身好物，等等。这类礼物重在体现平日对老人的关心。

类似的礼物还有以下几种。

优质的睡衣、睡袜：让老人有个好睡眠；

羊毛围巾、帽子、手套：在寒冷的冬天可以让老人防寒保暖；

低糖糕饼：松软易于咀嚼的食物，老人更易于接受；

舒适防滑软底鞋：细节处让老人感到舒服；

电动开罐器：方便、安全地帮助老人打开罐头；

老花镜、放大镜：方便老人读书看报；

室温计：方便老人观察室内温度；

血氧仪、血压器：帮助老人随时检测自己的血氧、血压指标；

粗体字报刊、书籍：方便老人阅读；

大数字按键的电话机：方便用不惯智能手机的老人操作；

折叠购物车：方便老人出门购物。

四、有纪念意义的礼物

现在翻一下你的手机或相册，有多少张跟长辈的合影，是不是很少？可能大部分是小时候你坐在他们的怀中照的。趁着节日去和他们拍一张合照吧，让照片定格时间的痕迹，记录亲情的流淌，用一张小小的照片，拍下此刻，记录幸福。另外，亲手制作的礼物也非常有意义，在老人的生日送上一张亲手制作的贺卡，亲笔写一封信，等等，虽然这些方式有点传统，但更显诚意，长辈们也会更喜欢。

五、根据长辈的品味和兴趣爱好选礼物

考虑一下长辈的兴趣和喜好，会让你的礼品更受欢迎。平时注意观察一下长辈都有什么喜好，礼物不一定是越贵越好，可能一本书、一个盆景、一套茶具、一幅字画，就能让长辈格外高兴。

六、送回忆

人们总是喜欢怀旧，喜欢回忆以前，上了年纪的人更是。通晓长辈的这种心理，我们可以送上一份能让他们忆起当年美好时光的礼品，定会让长辈惊喜和感动。

王奶奶退休前是一位唱评剧的老艺术家，在舞台上待了大半辈子。退休后也不闲着，常常组织大家参加各种各样的集体活动。在她70岁生日这天，孙子送了一本剪报集，里面大大小小贴的都是她年轻时的演出剧照、报社采访记录，甚至有广告栏的演出消息。原来这些记录着自己辛酸和辉煌的剪报是孙子多年来偷偷收集的，有不少还是跑了很多地方才找到的，就是为了生日这天给她一个惊喜。王奶奶说这是她收到最珍贵的礼物，看着这些照片，仿佛一下子回到了舞台上，重温了充满激情的青春岁月。

七、礼品要有美好寓意

有些上了年纪的人会有些忌讳，对一些不吉利的字眼特别敏感，比如"死""终"。我们在给长辈送礼的时候要注意这一点，挑选寓意吉祥的礼品，免得精心挑选的礼物不受长辈喜欢，事与愿违。

红色是中国传统的喜庆色，无论是给长辈买衣服，还是选礼品盒的包装样式，选择红色绝对错不了。年轻的朋友会觉得白色代表着纯洁、高尚，但是我国传统的葬礼都用白色，所以送给长辈的礼物中有大量的白色元素是不合适的。此外也应注意，最好不要送钟表、伞等一些谐音"送终""散"的礼物；一些民间的俗语如"七十三，八十四，阎王不请自己去"，这样寓意不祥的话更是不能说出口。

给长辈送花的时候要注意选择一些喜庆、热闹的花卉，避开颜色全白或太过素雅的花种。一些花期过短、转瞬即逝的花也最好不要选择。很多花都寓意着健康长寿，可以送给老人，比如长寿花、报岁兰、万年青、常春藤、龟背竹、鹤望兰、寿星橘、红莲花、石斛兰、寿星桃、天堂鸟等，另外一些小型的松柏盆景也是不错的选择。只要我们多加留心，送一份让长辈开心的礼物是很容易的。

八、礼物推荐

· 召集全家人吃顿团圆饭

孩子们都在身边，吃一顿团圆饭，对长辈来说就是非常温馨的事情了，家庭和睦、家人幸福平安是他们最在意的。团圆饭也不只是在逢年过节的时候才吃，平时有机会也可以把大家都聚集起来，吃个饭、喝喝茶、唠一唠家常，让老人感受到大家庭的温暖。陪伴，是长辈们最需要的礼物。

· 买个宠物陪伴老人

现代社会，人们的生活节奏快，工作和学习压力很大，儿女和子孙们不是忙工作就是忙学习，和父母待在一起的时间可能仅限于节假日。很多老人甚至每天只能对着电视机打发时间，日复一日。他们比我们更需要陪伴。那为什么不考虑送老人一只宠物呢？猫、狗、鹦鹉、金鱼都是很好的选择，老人可以在无聊的时候逗它们玩，遛狗的时候也可以锻炼身体，说不定还能结交一帮志同道合的朋友，老有所乐。

· 红包

直接给老人送红包并不是没有诚意的表现，长辈们不会把心意和金额画等号，有时候送红包反而是一种恰当的表达方式。长辈常说自己什么都不缺，再三叮嘱了不准买礼物；儿女远在他乡，平时很少有见面或陪伴的机会，实在不知买什么合适，这类情况下可以选择包个红包，让长辈买点自己喜欢的东西，用最传统的方式聊表心意也未尝不可。

· 送花有讲究

可以选择送长辈的花有好多，哪一种是最合适的呢？这个问题没有标准答案，不同的花有不同的含义。你可以根据自己想要表达的祝福来选择要送的花。下面就是一些适合送老人的花及其寓意。

松树、鹤望兰：松鹤延年，象征着生命力旺盛，祝老人身体健康；

万年青、寿星草：祝老人老当益壮、益寿延年；

长寿花、寿星鸡冠花：祝老人健康长寿；

牡丹：祝愿老人大富大贵、运势亨通；

剑兰花：可以与满天星等搭配一起送，寓意健康长寿；

南天竹：寓意寿比南山，可制作成盆景赠送给老人；

菊花：寓意高风亮节，但不要选送白色和黄色的菊花；

佛手："佛"与"福"音近，象征着有福之手，被视为吉祥之物，可以赠送长辈；

龟背竹：龟被看作是长寿的象征，因此叶片酷似龟背的龟背竹象征着长寿吉祥。

· 寿诞的别称

"寿称"是寿诞的别名，"祝寿"文化是中国传统文化的一部分。过寿老人的年龄不同，寿诞的称呼不同。这些特殊的称呼多被用于写祝寿词和礼帖，我们可以了解一下。六十岁可以称为"还历"或者"花甲"；七十岁称为"古稀"；七十七岁时的寿辰称为"喜寿"，因"喜"字的草体很像连笔的"七十七"；八十岁大寿被称为"伞寿"，"伞"字拆开，便会得到"八"和"十"的字样；同样，八十八岁生日被称为"米寿"；九十九岁生日被称为"白寿"："白"字去掉"一"就是九十九，也就是"白"。

第三节　送孩子：不辜负最纯真的期待

　　孩子一直是送礼时要考虑的重点人物之一。结束在外地的工作要回家时，首先想到的是给自己的孩子或者侄子、侄女带点什么礼物；到朋友家做客，如果对方家有孩子，我们买的礼品大半会是给孩子的；到同事或者领导家拜会，苦于不知道送什么礼物的时候，如果得知对方家有一个孩子的话，可以选择给小孩带礼物，这样就好办多了。

　　但是，人们给孩子买礼物往往存在误区。一般给男孩子买礼物就去买一些变形金刚、玩具枪、遥控赛车之类的，给女孩子买礼物往往会选择漂亮的衣服、芭比娃娃、毛绒玩具等。小孩子真的就这么好"打发"吗？当童言无忌的小孩子说出"我不喜欢这些玩具"或者"这些东西一点都不好玩"的时候，就会让送礼者觉得非常尴尬。其实，给孩子送礼物也是有讲究的。

一、给孩子送礼物的几个原则

·礼物要体现出对孩子的关心

　　无论是自己的孩子还是别人的孩子，都是父母的心头肉。我们在给孩子送东西的时候一定要体现出对孩子的关心，而这些关心大都体现在礼物的细节方面。比如，在冬天天冷的时候给孩子送上样式可爱、质地优良的围巾和手套；天热了，送孩子一条漂亮的裙子、一顶可爱的帽子。千万不要带着一套优质的作文书到对方家中之后才发现，原来对方的小孩才刚刚识字。送自家小朋友合适、用心的礼物，能够让孩子感觉到送礼人的关爱，培养起深厚的感情。即使是送礼给别人的孩子，也能给孩子父母留下良好的印象。

· 要考虑孩子的兴趣

兴趣是最好的老师，根据兴趣选择的礼物，孩子一定会喜欢。不仅如此，你的这份礼物说不定还能成为孩子日后通向成功之路的阶梯。

美国匹兹堡交响乐团的首席小提琴手马克·哈金斯认为，他小时候收到的最珍贵的礼物是他母亲在圣诞节送他的小提琴。他还记得当自己说要一把小提琴的时候，父亲认为这是他一时兴起，没有理睬他，而在一旁的母亲却把这件事记在了心里。马克·哈金斯拿到这把小提琴之后就爱不释手，整日练习，并最终成为一名小提琴大师。

孩子喜欢什么，当家长的只要在生活中稍加留心便能发现。如果是别人的孩子，可以事先问他一下，这样虽然少了孩子见到礼物时的惊喜，但是比送错东西要好得多。孩子喜欢涂涂画画的话，就送他蜡笔、水彩、彩色笔、图画纸等美术用品；孩子对某种乐器特别感兴趣，或者对某种乐器演奏出的音乐情有独钟的话，可以试着从这个方向入手送礼；有的孩子总是问你关于地球的知识，或者天上星星的问题，你可以送他一个地球仪或者一个天文望远镜。只要用心，送出一份让孩子高兴的礼物并不难。

· 礼物要体现出对孩子的鼓励

鼓励对于一个孩子的成长来说至关重要，可以帮助他们克服自卑，建立自信，树立起自己的人生梦想。你的一份礼物可能就是对他最好的鼓励。

著名的芭蕾舞演员卡拉·弗拉奇在第一次接触到芭蕾舞时，就被深深地迷住了，当时她还是一个小孩。此后她常常偷偷溜进剧院去看芭蕾舞演出，并在自己的房间里面练习用脚尖站立和保持平衡。卡拉·弗拉奇的妈妈发现了自己女儿的"秘密"，并在她生日那天送给她一双芭蕾舞专用的舞鞋。多年以后，已经成名的卡拉·弗拉奇提到，当年母亲的一份生日礼物是对自己最好的鼓励，是她能够坚持下去、获得成功的关键。

· 礼物要简单，能长久保存

送孩子的礼物尽量不要太复杂，一些超出孩子智力发育范围、拼装困难的玩具尽量不要买；一些需要很多电池才能启动的玩具也尽量不要买，一来免得孩子玩了一次之后就不再喜欢，二来太多的电池也有安全隐患；一些容易破碎的礼物也不合适。

很多时候孩子对一样东西只是一时新鲜，三分钟热度之后，便会喜欢上另外一件玩具。真正好的礼物应该能让孩子铭记心间，成为一份宝贵的回忆，即使在长大了以后，也会念叨起自己对小时候谁送的某件礼物记忆犹新。

· 礼物太过珍贵 让人玩起来缩手缩脚

送孩子礼物要考虑到孩子的特性，那就是顽皮、好动。有人收到别人送给自己孩子的礼物之后，不舍得或者小心翼翼地让孩子玩，因为这些礼物太过珍贵，动辄就是价格上千。无论是玩具还是衣服，这个价位的礼物对孩子而言是体现不了相应价值的，一旦被束之高阁，反而不能实现送孩子一份快乐的初衷。

小刘的好朋友从国外回来时带给小刘的孩子两件礼物，一件是高仿真人声控娃娃，一件是名牌的衣服。虽然这个娃娃非常好玩，头发、皮肤都很有质感，四肢也可以活动，还会同人进行简单的对话，对人下达的简单命令做出反应，衣服也是非常精美，但是，小刘并不敢把这两件礼物拿给孩子看。因为他知道，这个娃娃再好，落到自己儿子手中不出三天就会被大卸八块；衣服再精美，也经不住孩子的摸爬滚打，只能束之高阁，藏在衣橱里。这样的礼物，对于孩子一点用也没有，不会给他们留下任何印象。

· 考虑孩子父母的感受（礼物价格、安全性方面）

给别人的孩子买礼物时，要考虑对方父母的感受。这主要体现在价格和安全性两方面。价格方面，如果你的礼物太贵重，会让对方父母觉得不合适，已经超出了送孩子一份快乐这样单纯的目的，让别人怀疑你动机不纯。若是太便宜，也说不过去，让人觉得你吝啬或是在应付，对你的印象会大打折扣。礼物的轻重很容易掌握，一般来说，普通玩具的价位即可。

安全性方面，这是人们极为关心的一点。比如，玩具是否含有有毒有害的化学成分，或者玩具上面的零件是否容易脱落或易被孩子误食，等等。危险的玩具不会受到对方欢迎，还会让对方很难办，留也不是，扔也不是，因此买礼物时一定要细心。

· **让孩子知道礼物来之不易（懂得感恩）**

我们要从小培养孩子的感恩之心，不要让他觉得想要什么就有什么，一切都是应得的。这样对他以后的成长很不利。从小就要让孩子懂得天下没有白吃的午餐，没有什么不是通过努力得来的。

孩子看上一款最新款玩具，缠着你买的时候，你可以跟他约法三章：期末考试考得好，在家里做家务表现好，就把这款玩具买下来当礼物送给他。最后，若是孩子做到了，就实现自己的诺言；若是孩子没做到，但是努力了，也可以买给他，并对他鼓励一番。无论哪种做法都远比直接买来给他的效果要好得多。孩子也可能会因为付出了努力，更加珍惜得到的玩具。

二、礼物参考

总的来说，送孩子的礼物，一是要注意适合孩子的年龄，二是要有意义。有意义的礼物并不难买，因为有意义的标准不一，范围很大。只要是有利于孩子的身心健康发展，能够培养和锻炼他们动手、动脑能力，就算是有意义的礼物。

· 能启发儿童智力、发掘潜力的礼物

孩子的成长过程是心智渐开的过程，他们会追究一些事物的本源，问许多"为什么"，还会对事物的结构好奇，比如喜欢拆分零件多的玩具，这个时候给予孩子智力上的启发是很有必要的。礼物是一个很好的途径，你这份礼物说不定还能提高孩子的创造力。

作家格里·诺克斯在 10 岁生日的时候收到了一个照相机，他很快就对照相开始感兴趣，并整天拿着它东拍西拍。长时间通过相机观察这个世界让他明白了景色和人物的关系，这种相互关联、变化莫测的关系极大地开阔了他的视野。他回忆道："我收到的不仅仅是个照相机，它还锻炼了我观察事物的能力，积累的这些观察能力，是我日后走上写作道路的关键。"

这类礼物可以参考孩子的兴趣所在而赠。比如，孩子喜欢天文，你可以送上一个天文望远镜；孩子喜欢小昆虫，你送上一套显微镜和放大镜；孩子喜欢读书，你就送上适合他读的中外名著；等等。

另外还可以送一些益智类的玩具。这类玩具可能和学习、工作都没有关系，但是能够锻炼人的思维能力，让人的思维更细密、逻辑能力更强、思考反应速度更快，以后无论从事哪一个领域的工作，都会受益。这类礼物从传统的九连环、孔明锁到现在的魔方、智力跳棋等都算。

· 体现知识性的礼物（书籍、学习机等）

孩子正是开始学知识的年龄，给他们送礼物要注重帮助他们开阔视野、增长见闻，以便对学习产生浓厚兴趣。

这类礼物可以是学习用品，如字典、学习机、音像教学产品等。送这类礼品一定要注重特色，要区别于传统的学习用品。一件小小的礼物也是有讲究的，比如你送一本普普通通的字典，效果可能不如送一本彩色印刷的、有精美插图的字典。传统的字典可能只是在需要的时候才会去翻一下的工具书，而这本精美的字典可能成为小朋友平时翻看的课外书。

除了学习用品，课外读物也是不错的选择。可以买一些适合孩子读的童话书、故事书、科普书送给他们，也可以给他们订阅一份适合他们读的报纸或者杂志。这样既增加了他们的知识，又提高了阅读和写作能力，无论是孩子还是家长都会欢迎。

再者，可以从其他方面入手。比如，可以送孩子一个护眼仪，保护孩子的视力，让孩子在做作业和看书的时候眼睛更舒服；也可以送孩子一套可调节学习桌椅，既能让孩子更方便地学习和写作业，有的还能端正孩子的坐姿，随着年龄的增长，还能调整高度，非常实用。

· 从小培养孩子的理财观念

从小培养孩子的理财观念很有必要，对他日后更快地适应社会、更好地与他人交往都有帮助。在这一点上，国外的父母比较注重。在孩子刚刚懂事的时候，他们就会教他识别不同面额的纸币和硬币。随着孩子的年龄增长，他们会教孩子如何去获得收入，或者把手中的钱变得更多。很多外国的孩子很小就开始打工或者做兼职。其实挣钱多少无所谓，主要是培养他们吃苦耐劳的精神和正确的理财观念。

我们可以送孩子一些股票纪念券或者纪念币之类的东西，向孩子讲明货币和价值间是怎样的关系；还可以送孩子一套儿童版的理财丛书，浅显易懂的道理能帮助孩子明白基础的经济知识。另外，送一个储钱罐给孩子也不错。培养他从小理财的好习惯，把零钱汇少成多，然后在父母的监督下让孩子决定把这笔钱花在什么地方，做一个小小的投资游戏。

· 培养孩子动手能力的礼物

小孩子大都喜欢去翻家里的工具箱，把锤子、钳子、螺丝刀等工具拿出来玩得不亦乐乎，模仿大人敲敲打打，俨然一副"熟练技工"的模样，让人看了忍俊不禁。很多大人觉得这些工具不卫生、不安全，或者怕孩子玩上了瘾，一辈子要当工人，所以立刻去制止他们。其实大可不必，因为这种玩具既能够锻炼孩子的动手能力、发现和解决问题的能力，还能够培养孩子的自信心，让他觉得："任何难题都难不倒我。"

从安全和卫生的角度考虑，可以送孩子一些塑料的、仿真版的工具，比如钳子、扳手、剪刀、铲子等。送给孩子的礼物，安全至上是首要基础。

· 培养孩子爱心和责任感的礼物（小动物）

给孩子送小动物一般都会受到欢迎，照顾宠物还会培养孩子的爱心和责任心。小孩子天性喜欢小动物，送小狗、小猫或者是小白兔、小乌龟都能让孩子兴奋不已。

不过，他们往往对一件事情只有三分钟热度，不能持之以恒，在过了新鲜劲之后，这些动物恐怕要成为父母的　项负担。为了避免这种情况发生，我们应该在送出宠物的同时跟孩子约法三章，制订出详细的饲养计划，将照料宠物的责任明确下来，还可以制定奖惩措施。父母也可以帮助孩子一起照料宠物，一起陪宠物出去散步等。伴随着宠物的成长，孩子与它的感情一定会加深，爱心、责任心也就不自然地培养起来了。

适合送孩子的宠物有小狗、小猫、小白兔、小白鼠、小乌龟、小金鱼等。送孩子宠物时需要注意的是尽量送刚断奶不久的，让宠物伴随着孩子一同成长，这样才有利于建立感情，培养爱心、责任感。大型的和另类的宠物，比如蜥蜴、蜘蛛、蛇之类的，不建议送。

· 送纪念性礼物（记录孩子的成长过程）

童年时期是一个人最开心的时期。人们在不断地长大，但是时常会停下脚步，回首童年。既然如此，为何不给孩子送上一份见证成长的礼物呢？

如果你足够有耐心和恒心，从宝宝出生那天起就每天写一篇宝宝日记，记录下他每天的饮食、睡眠等日常生活，特别要标明是哪一天学会说话的，哪一天学会走路的，等等。也可以每天都给宝宝拍摄一张照片，记录下他的变化，并将这些照片妥善保存。这样的礼物还有很多，比如，可以给孩子与给他接生的护士照一张合影；可以用 DV 记录下孩子每个生日晚宴上吹蜡烛的瞬间，见证他的成长；孩子出生那天的报纸也可以收藏起来，日后送他一份别具特色的生日报。

人的童年只有一次，让我们拿起身边的工具记录下孩子成长的点滴，一起守护这份美好的回忆。

· 升学日送礼物

孩子在学校升了一个年级，或者从小学升入初中、从初中升入高中、从高中升入大学，对孩子来说都是求学道路上的"更上一层楼"，做家长的可以准备一份礼物以示祝贺和鼓励。如果是朋友、同事以孩子升学为由请你喝酒，你带的礼物也要侧重体现对孩子的鼓励。

这类礼物可以是学习用品和生活用品：根据孩子的身高，送一款时下流行的书包；给将要去学校住宿的孩子送一套精致的餐具；根据孩子的课程需要，送一款笔记本电脑成照相机；等等。

除了学习用品，你还可以根据孩子的爱好，送一套书或他喜欢的音乐 CD。这个需要你事先知道孩子的喜好，书也不一定非得是严肃读物，只要孩子喜欢就可以。在一些地方，孩子升学是一件值得庆祝的大事，当长辈的还会送上一个红包。

· 春节送什么给孩子

在中国的传统中，春节讲究的是合家团圆、欢乐。春节也是孩子最盼望的节日，因为在这个时候，他们不仅可以穿新衣、戴新帽，更重要的是长辈、亲戚都会有礼物相赠。既然如此，我们就一定不能让孩子失望、扫兴，要给他们精挑细选一份礼物。

· 满足孩子平时的愿望

既然是过节，就图个高兴，放松一下对孩子日常严格的要求，稍微贵点的玩具只要不是太离谱，在自己的承受范围之内，就可以买给他。

其他一些方面比如新衣服、好吃的、好玩的，也是在能够承受范围内的，尽量满足。我们都想让孩子的春节过得更快乐、更有意义。一些平时孩子老嚷着要的东西，可以在春节里偷偷地买来送给他，给孩子一个惊喜。

春节是中国的新年，中国人讲究新年要有新气象，新年要有新发展。送孩子的礼物也要有意义才对。我们可以去图书馆为孩子办一张崭新的借书卡，让孩子在新的一年里，学习更多的知识；可以带孩子去参观新年的书画展或者去听新年的音乐会，陶冶情操；也可以送他们精美的笔记本，记录下一年里的新精彩。

· 用压岁书替代压岁钱

压岁钱是新年送孩子的传统项目，但是父母由于担心孩子乱花钱，往往会把孩子的压岁钱代为保管。我们可以换一种形式，不送压岁钱，送"压岁书"。可以选择一套适合孩子年龄段读的书，准备一张精美的书签，在后面写上新年祝词。这份礼物既独特，又有意义，一定会受欢迎。

三、根据孩子所处的年龄段选择礼物

给孩子送礼物的时候要考虑到孩子的年龄段。你送三五岁小孩的智力拼图不能是几百块、几千块组成的那种，这已经超出了这个年龄段的智力水平；儿童百科大辞典送给开始上小学的孩子比较合适，因为在此之前，孩子处于活泼好动的年龄，很难让他们坐在那里安稳地看书。

每个年龄段都有适合的礼物，下面就是送不同年龄段孩子的礼物参考。

· 给婴幼儿买东西要注意

无论是亲朋好友，还是同事，生下宝宝都是一件值得高兴的事情。我们去看望的时候，除了送上祝福，还要带上一份礼物。这份礼物更多的是与宝宝有关，不能像给成人送礼那样随便买束鲜花，给婴儿买礼物有自己的讲究。

· 礼物要实用

祝贺孩子出生的礼物应以实用为主。小孩子刚出生没有太多的意识，辛苦的是照顾孩子的父母，为婴儿送一些能派上用场的日常用品，既贴心又实用。这类物品可以是奶粉，可以是各种款式的衣服，也可以是一个由润肤露、爽身粉、洗发水、沐浴露、痱子粉等组成的婴儿护理礼盒，让婴儿舒适的同时，也减轻了新手爸爸妈妈的负担。

这类礼物还有奶瓶、纸尿裤、婴儿专用澡盆、学步车、婴儿床等，只要是孩子日常需要的都可以送。不过需要注意的是，一些价廉、常用的日用品要在数量上体现诚意。比如，如果要送纸尿裤这种每天都要用的东西，可以一次买几大包，同时还要注意婴儿的年龄适合穿多大的型号、男女类型不要搞混等细节问题。

· 有纪念意义

有的人会认为送吃的、穿的太俗气，日常用品也可能已经有人买了，既然是送婴儿，应该给宝贝买一件纪念品。这也是一个不错的主意，纪念品可以永久珍藏，伴他一生。

纪念品种类繁多，五花八门。我国好多地方都有孩子满月后手脚上带银圈的习俗，相传是为避邪，保佑孩子健康平安，长命百岁。你可以送上一副银手镯或银脚镯，也可以送上一把长命锁。玉器在中国有吉祥的意思，可以送婴儿一块生肖玉。无论是金银饰品还是玉石挂件，都可以让店家把婴儿的名字和生日刻在上面，更显示这份礼物的独特性。

并不是只有金、银和玉石制品才算是纪念品，只要是有纪念意义的礼物都算是纪念品。比如，可以给婴儿做一个手摸、脚模，送一个用来放婴儿照片的摄影集、一套孩子出生年份的生肖币；甚至给孩子种上一棵纪念树也不错，让小宝贝和小树苗一起茁壮成长。

· 送吃的东西需谨慎

给婴儿送吃的东西要格外谨慎，尤其是婴幼儿奶粉。现在的人照顾孩子都十分仔细，甚至到了挑剔的地步。一般情况下，小孩子大都只吃一个品牌的奶粉。而且每个品牌的奶粉又根据婴儿成长阶段和不同的营养侧重点分好多个系列，不是经常买的人，稍不注意就会买错。加上现在的奶粉市场里产品种类颇多，选择不易，难保不会出现什么问题。所以，如果不是经过了孩子父母的认可，最好不要贸然送奶粉。

像一些婴儿使用的维生素片和消食片等可以送，不过一定要在专业医生的指导下购买，还要注意质量。

· 送衣服宁大勿小

不少人会选择买衣服送给婴儿。款式多样、制作精良的婴儿装确实不错，但是很多人买衣服的时候只是注重款式、颜色，而忽视了大小。并不是说你选的这套衣服婴儿穿不下，而是同一时期送衣服的太多，可能等到穿你送的这一套的时候，孩子的体重和身高都有所改变，穿不下了。因此，选择衣服的时候，注意要挑选尺码大一点的，哪怕是现在穿不下也无妨，还可以等小孩长大一点再穿。再一个就是要看清楚衣服是什么材质的，婴儿的皮肤细嫩，更是需要呵护。

· 送健康用品（电子/红外线耳温计）

婴儿的健康是做父母的最关心的问题，婴儿的每一次咳嗽、每一声啼哭都会让人去想宝宝是不是哪里不舒服了。既然如此，就送一个适合婴儿的电子耳温计或者红外线耳温计。同普通体温计相比，它们的优点是测量体温又快又准又方便，特别适合婴儿。婴儿的抵抗力不比成人，当父母的可以考虑准备一个。

· 送婴儿礼物的禁忌和注意事项

婴儿就像刚刚发芽的种子一样，非常娇弱，需要我们去精心呵护。而这些呵护就体现在我们日常生活中的细节方面，送孩子的礼物也是如此。下面就是一些送婴儿礼物的禁忌和注意事项。

安全最重要，不要送有锐利尖角和棱角的玩具。

不要送可以拆散零件的玩具，以免这些小零件被宝宝误食。另外，太小的物品也不要给婴儿玩，避免误食或者塞鼻孔、耳孔。

若你送的是电动玩具，一定要注意安全性能，还可以叮嘱家长不用时记得把电池取出，免得被宝宝拿到。

若是购买的玩具是塑料制品或者涂抹了油漆的木制品，应该注意是否有异味，以防里面含有有毒的化学成分，危害宝宝健康。

购买玩具时，要注意商品主要材质（成分）、适用年龄段、合格证、厂家和产地等，"三无"产品的质量没有保证，不要购买。

不要购买用薄塑料和薄金属制作而成的玩具，这种玩具易折断，断面会伤到宝宝。

尽量不要买带绳索的玩具。即使是带绳索，也不宜超过30厘米，以免宝宝在玩时不慎发生勒住颈部的危险。

如果购买有色玩具，一定要注意玩具表层是无毒的，以免孩子舔食中毒。

填充类的毛绒玩具是最受欢迎的礼物之一。在选购时，要注意填充玩具的缝边会不会脱线，填充玩具的毛料会不会让小朋友过敏，还要试试玩具的毛是否轻轻一拉就会脱落，眼睛、鼻子等配件是否粘得牢固等。

给这个年龄段的孩子选择玩具，要考虑到孩子又学会了哪几项"本领"，正确地引导他。比如说孩子学会用手抓东西了，就送他一些摇铃和拨浪鼓之类的；孩子要是学着说话了，就送他一些看图识字的卡片，帮助他认识世界；等等。

·1～3岁的婴幼儿适合的礼物

0～3个月：这个时期的宝宝还不能行动自如，自己玩耍。你可以送一些能刺激视觉和听觉的玩具。最好是能发出声音、自行会动，这样即使宝宝躺在那里，也会被这些玩具所吸引。

3～6个月：这个时期的宝宝手部肌肉开始发育，喜欢抓握东西。同时，对声音的兴趣不减。我们可以考虑送一些既能够锻炼手指灵活，又能发出声响的玩具。比如，拨浪鼓、摇铃等。

6～9个月：这个时期的宝宝已经能够尝试着坐立，双手也更为灵活。所以，一些坐着玩、推着玩、滚着玩、爬着玩的玩具都适合，比如一些毛绒玩具等。不过要注意的是，这个年龄段的孩子喜欢将东西放入口中，不能给他们选择过小的玩具，还要注意玩具的可咬性和无毒性。

9～12个月：一般在一周岁前后，孩子就学会走路了，并且喜欢模仿大人的动作，听到一些有节奏的音乐还会跟着拍手和摇动身体。这个时候可以送一些锻炼孩子走路的礼物，比如学步车或能够让孩子锻炼走路能力的球类玩具等。

1～2岁：这个年龄段的宝宝认知能力、语言能力、行动能力都比以前大有提高，喜欢玩一些稍微复杂、有层次的玩具。比如，喜欢把东西都放进一个盒子或者书包里，然后再拿出来；喜欢把任何东西外面的包装都打开。我们可以考虑送一些大小不一的杯子、盒装的积木等。一些电话形状、手机形状的玩具他们也喜欢，小一号的成人世界的用品，都能成为他们的玩具。另外，布书、小推车、音乐玩具、简单的拼图、仿真的蔬菜水果等，宝宝都喜欢。

2～3岁：随着年龄的增长，宝宝可以玩的东西越来越多，选择性越来越大。这个时候给孩子选择礼物可以从健康成长和智力增长两方面考虑。

健康成长类的礼物：三轮童车，市场上有专门适合3岁孩子骑的这类童车；木马摇椅，骑在上面前倾后仰，可体验骑马的感觉；儿童专用沐浴盆，方便洗澡，还可配上洗澡时的玩具，比如小鸭子等。这类的礼物还有好多，能够让孩子更舒适地生活、更健康地成长的玩具都在此列。

智力增长类的礼物：培养孩子形象思维能力的拼图，帮助孩子认识各种颜色和形状的积木，帮助孩子认识数字和生肖的木制数字和木制生肖动物，色彩鲜艳、看图识字的卡片、贴画，锅、碗、瓢、盆、勺等各种仿制厨房用具，还有画写板、画画工具等。

· 4～6 岁的儿童适合的礼物

4岁：这个年龄的孩子动作发展得还不完全协调，有的还比较容易摔跤。因此可以送他们一些能促进动作协调的玩具，比如一些球类，还可以带孩子去学习轮滑、滑板等。

这个年龄段孩子的心理有明显的随意性和情绪性，缺乏目的性和持久性，自我控制能力也比较差。这就需要你送玩具的时候多用心，选择颜色鲜艳、样式新颖、生动有趣的玩具来激起孩子的兴趣，让他积极主动地玩。另外，像一些垒积木、走迷宫、摆多米诺等需要精神高度集中的游戏，也能锻炼孩子的注意力。

另外，这个年龄是培养孩子多种兴趣的好时候，比如唱歌、跳舞、画画、讲故事、学外语等。可以关注一下，孩子对哪个方面感兴趣或者有天分，给他送一些相关的礼物。

5～6岁：这个年龄段的孩子要注意锻炼语言表达能力，增强注意力和记忆力的训练，锻炼动手能力。可以教他带表情和有声调地讲故事，学习写汉字；为了培养孩子的阅读能力，可以送一些幼儿版唐诗宋词方面的书。

在注意力和记忆力锻炼方面可以帮助他们认识时钟，教他们去读时间，还可以教他们怎样判断东南西北的方位，去玩一些稍微复杂点的拼图游戏和迷宫游戏，以及一些童书上的益智游戏。

在动手能力方面，可以为孩子买一些可拆分、组装的玩具，以及一些科普性玩具，如放大镜、望远镜、磁铁等。玩的同时不要忘记告诉他们里面蕴含的科学道理。

适合 4 ~ 6 岁这个年龄段的孩子的礼物还有很多，下面是按照玩具类、学习类和日常用品类给出的一些参考。

玩具类：

彩色套碗、各类娃娃、动物玩具、会发声的电动玩具——可发展孩子的感知能力。

遥控汽车——孩子十分感兴趣和着迷的玩具。

村庄、马戏场、城市模型，卡车、飞机和船——培养孩子的想象力。

美术用品、太空玩具、放大镜等——培养孩子的兴趣、爱好。

各种颜色、款式的风筝——可能需要你帮忙飞上天，但是当风筝缓缓升空时，孩子会有成就感。

学习类：

书与玩具组合——如买连环画的同时买一个书中主人公的玩偶。

经典动漫周边（动漫相关产品）——如迪士尼有很多经典的 IP，可以送印有卡通人物的杯子和 T 恤。

中外童话故事集——彩色绘本，父母可以陪孩子一边看画，一边讲给孩子听。

蜡笔、水彩、彩色笔、图画纸——不要小看孩子的涂鸦，可能他 / 她日后会成为画家。

迷你乐器——能发出声音的玩具总会吸引人，何况发出的还是优美的音乐呢。

书包、饭盒、笔记本、铅笔盒等学习用品——这个年龄段的孩子大都已经上幼儿园，并准备上小学。送学习用品是对他们的鼓励，也很实用。

小黑板、黑板擦和粉笔——能够模拟上课的情形，增加学东西的趣味性。

日常用品类：

手套、围巾、帽子——既保暖，又能把孩子打扮得很可爱。

儿童专用牙刷、牙膏——最好选择有可爱的卡通饰品的，既有趣味性，又能帮孩子建立良好的卫生习惯。

儿童餐具——专门为小朋友设计的餐具，大多为塑料制和不锈钢制，不怕摔。

· 6 ~ 9 岁儿童适合的礼物

适合这个年龄段孩子的礼物非常多。无论是针对学习、健康、兴趣爱好，还是日常生活方面都有很多适合的礼物以供选择。下面就是一些可供参考的礼物。

玩具类：

各种魔方——这类玩具不但趣味性强，还可以锻炼大脑。

积木和组装玩具——用来培养孩子的建构能力、动手能力。

音乐盒——注意音乐节奏要轻快、适合儿童。

迷你乐器——钢琴、铃鼓、响板、铃铛、三角铁及木琴等都行，可以培养孩子的兴趣，陶冶情操。

迷你家具、茶具、餐具——锻炼小孩子动手能力，还可以在玩过家家的时候用。

毛绒玩具——这是永不过时的经典玩具，要注意参考当下最流行的动漫 IP。

洋娃娃、芭比娃娃系列——送女孩的经典礼物，最好是那种能换衣服和梳头发的，可以锻炼孩子的责任心。每个小女孩都会以拥有这样一款玩具而感到骄傲。

存钱罐——可以培养孩子节省的好习惯，外形要可爱、有特色，也可以选择小朋友的属相造型的存钱罐。

儿童版的大富翁、骨牌、棋类——适合全家陪孩子一起玩。

用品类：

体育用品——足球、篮球、排球、乒乓球都有儿童类的。

儿童专用的自行车、踏板车、滑板车、轮滑等——送给活泼好动的孩子。

户外用品——小帐篷、登山鞋、睡袋、登山包等，适合常常到户外锻炼的孩子。

照相机——培养孩子观察和记录事物的能力。

闹钟——帮助孩子按时起床，不要养成睡懒觉的坏习惯。

日记本——帮助孩子养成记日记的好习惯，有利于提高写作文的水平。

雨具——可以是雨衣、雨鞋，也可以是雨伞，最好上面绘有孩子喜欢的卡通图案。

赛车模型——男孩子喜欢的礼物。

学习类：

计算机——可帮助孩子进行各类运算，提高学习效率。

航模或者船模——既好玩又锻炼孩子的动手实践能力。

显微镜、放大镜——能培养孩子探索世界的兴趣。

经典童话书——既能增加孩子的知识面，又能提高阅读和写作能力。

经典动漫书——例如《猫和老鼠》，小孩子们一定喜欢。

儿童版百科全书——让孩子了解世界的奥妙。

带彩页插图的字典——图文并茂，增加孩子对学习的兴趣。

活动类：

兴趣班——根据孩子的兴趣给他报一个培训班，可以是舞蹈、乐器、绘画等培训班，也可以是游泳、足球等体育类培训班。但是要事先征求孩子的意见，不能擅作主张。

游乐场、溜冰场——这种游乐场所孩子都喜欢。

植物园、动物园等——趣味十足，还能增长见识，有时全家一起逛公园也不错。

博物馆、剧场演出——增长见识，陶冶情操，演出要选适合孩子的儿童剧之类的。

外出旅行——外出旅行是很多孩子心中渴望的一件事。

夏令营活动——可使小朋友暂时不用听爸妈"唠叨"，培养他／她的独立能力。

· 适合送青少年的礼物

给青少年送礼物比给小孩子送礼物要难，因为给小孩子送的东西无非就是吃、穿、玩几个方面，而青少年大都处于青春期，相对成熟，喜欢标榜另类和追逐时尚。想给他们送一份称心的礼物，需要了解当下的流行元素和对方的品味，然后据此来选择礼物。

时尚型：

笔记本电脑——这个礼物年轻人一定喜欢，视自己经济条件而定。

球队的比赛年票——送体育爱好者。

照相机——年轻人喜欢在各个场合留下自己的纪念照。

运动鞋、舞蹈鞋——送给喜欢运动或跳舞的年轻人，是对他们的一份鼓励。

旅行包、旅行箱——很多年轻人喜欢外出旅行，送他们这个一定用得上。

宠物——小狗或者小猫都可以，让它成为孩子的好伙伴。

时尚山地车——可以是上学、放学路上骑的工具，也可以在假日里骑车旅行，锻炼身体。

兴趣爱好型：

博物馆、天文馆门票——既有趣味性又能增长孩子的知识。

水族馆、动物园门票——多与动物亲密接触，开开心心地玩一天。

体验宿营——可以去郊外、山中，也可以是在自家的庭院内，多喊上几个人，既有趣又能锻炼人。

学骑马——有条件的可以带孩子去学骑马，锻炼孩子勇往直前的精神。

听讲座——从媒体上关注一下最近有什么大师读书会或者名家演讲，带孩子去学习一下。

购物券、礼券——可以是商场的，可以是体育商店的，也可以是餐厅的，对方可以自己去挑选想要的东西，还可以与朋友、同学一起聚餐。

一起看电影——陪他们一起去看一场最新出的大片。

家庭聚会——可以是为他的生日举办的，也可以是兴之所致临时提议的。

日常活动型：

专辑、唱片——对方的偶像如果刚出了唱片，你可以买给他／她。

书籍——同样的道理，对方喜欢的作家刚出了新书，可以买给他／她。另外，打听一下他／她还喜欢哪些作家。不清楚是不方便探询的情况下，送一套经典版本的世界名著，也是可以的。

乐器——送音乐爱好者，或者在常听到对方说起想学哪种乐器后，有针对性地买了送给他／她。

订一份杂志——可以是大众类的，也可以是其他体育类、电影类、时尚类的杂志，根据对方的兴趣爱好而定。

实用型：

地球仪——可以用来学习地理，也可以用来装饰房间

天文望远镜——适合天文爱好者。

实用家具——买个书橱，或者添置一个舒适的沙发都可以。

卧室装饰品——可以是一幅油画，也可以是一张挂毯。

写真集——约个工作室或者请摄影师去外景地拍摄一套写真集，留下青春的见证。

· 适合送青少年的花

年轻人像早上八九点钟的太阳，朝气蓬勃。在他的生日聚会上或者毕业典礼上送束鲜花都是不错的选择。送年轻人的鲜花有很多选择，可以是象征坚韧、不向困难低头的藏波萝花；可以是寓意闻鸡起舞、勤奋

刻苦的金鸡菊；也可以是色彩鲜艳、花形可爱的金鱼草。其他如三色堇、飞燕草、石竹花之类的，只要是造型美观、花色娇丽，寓意积极向上的花都可以送给青少年。

🎁 第四节　送恋人：挑选令人心动的礼物

一、根据关系发展程度选择礼物

· 给暗恋的人送什么礼物

送暗恋的人，礼物不能太直接，要尽量含蓄些。在众多可以选择的礼物中，鲜花是不错的一种。你可以送一束玫瑰，谁都知道玫瑰代表爱恋，当你送玫瑰时，也是在向她发出情感邀约，如果对方接受，那当然是皆大欢喜；如果对方不接受，也不至于伤到和气。

送暗恋的人，礼物要因人而异。如果对方是个对任何东西都很讲究的人，你送的礼物也要尽量讲究，哪怕只是送一个笔记本也要选择精致的。如果对方是一个简朴实际的人，你可以送她一些实用但又不显小气的东西，比如一条保暖的围巾、一顶舒适的帽子。

· 第一次约会送什么

（1）不宜贵重，重在温馨。

第一次约会，不需要送太昂贵的东西，免得造成对方的困扰。选礼物时应该选些温馨的：如果是送女性，可以选择送鲜花、毛绒玩具等；如果是送男性，可以选择送球拍等。

（2）送花。

送花是一个撒手锏，在很多场合都可以用。同样，它也可以用在第一次约会时。送女性礼物时，还可以按照她的年龄来选择，20岁以下的可以送她喜欢的书，20岁以上的可以送鲜花。

在送鲜花时，不一定非玫瑰不可。在第一次约会时，为了避免对方太过羞涩，可以选择送百合花、薰衣草花等，而且花束不需要太多，一两支就可以了，适当地含蓄些，以后的路才会更平稳。

· 到了暧昧的阶段

如果你们处于"朋友已达，恋人未满"的暧昧期，送的礼物可以带些暗示性，但是不要突兀。你可以画一幅对方的肖像送给对方，或是送对方一件精致的私人定制饰品。

· 送给热恋中的情人

当你们之间的爱情已经进入了热恋期，你可以送对方稍微贵重或是随身用到的东西，比如包包、时尚手表等，或皮带、领带之类能象征你们关系融洽的东西。还可以送进一步增进两人感情的东西，如一套情侣服、一副时尚的情侣对表、一个双人游戏机。

偶尔吵架，要及时赔"礼"。人都是有情绪的，即使是在恋人面前，也免不了因为一时气愤而吵架。虽然当时解气，但是一般人在事后还是会后悔。这时，当务之急就是赔"礼"道歉。然而什么样的礼物，会让对方既往不咎，愿意原谅你呢？

1. 对方喜欢的东西。

你可以想一下，对方平时最喜欢什么东西，是书、鲜花、衣服这些外在的物品，还是旅行、爬山这些户外的活动。想好之后，你再投其所好，带着对方喜欢的礼物去找他／她，一定会让他／她开怀一笑。

如果对方是一个极其朴素的人，你可以送他／她喜欢的书或是零食等不贵但又能体现你心意的礼物。

2. 你亲手制作的礼物。

你可以自己亲手做一个公仔，并附上一张卡片，上面写你想说的话。

3. 请对方吃顿大餐。

如果你觉得特意拿着礼物去道歉有些难为情，就干脆请对方吃顿大餐，让对方知道你已知错。

二、 根据恋人的性格选择礼物

有句话说得好，如果相爱，每日都是情人节。同样，如果礼物送得好，每次收到礼物的日子都会是一个值得纪念的日子。给恋人选择礼物不能太过敷衍，要会动脑筋，懂得根据恋人的性格来挑选礼物。

· 浪漫至上型的恋人

天性浪漫的男友，对生活会特别充满热情，所以你的礼物一定要注意有新意，你可以送他带有独特设计的物品；如果你的女友是一个崇尚浪漫的人，你可以在中秋节送她一只水晶小玉兔，可爱又浪漫。你还可以在她生日时为她创造浪漫的气氛，一起看一场海边的日出或日落。

· 讲究实用的恋人

如果你的男友是一个讲究实用的人，你可以送他衣服、皮夹、钱包、手表等，不需要多么昂贵，质量好就可以了。

如果你的女友是一个讲究实用的人，不喜欢铺张浪费，那么送华而不实的东西，她或许还会觉得你太过奢侈浪费。所以你在选择礼物时，要选择她现阶段最需要的。如果你猜到她想换季添新衣，就可以送件衣服给她；如果你觉得她的包包旧了，就可以买个新的给她；如果你看到她在为聚会时没有合适的鞋子而烦恼，就可以送她漂亮的鞋子；如果她在犹豫着不知该买哪本书好，那可能几本书都是她想看的，可以全部买下来送给她。

· 成熟型恋人

如果你的男友是一个成熟大方的人,你不妨与他一起戴上情侣手表,记录你们在一起快乐的每分每秒。

如果你的女友是一个成熟大方的人,一般的毛绒玩具对她是起不了作用的,所以你就要挑选最适合她的礼物。如果她正在为英语考试发愁,你可以送她些有用的参考资料;如果她注重饮食,你可以送她一套齐全的餐具;如果她喜欢旅游,你自然要多抽出些时间,陪她"远走他乡"。作为男友的你,如果在女友最需要帮助的时候给予她帮助,就能打动她。

· 古灵精怪型的恋人

如果你的男友看起来古灵精怪,那么他很有可能是一个玩家,所以你可以送他逼真的汽车模型或是最新的时尚玩具,你还可以请他去玩惊险但是又能保证安全的户外运动。

如果你的女友是个古灵精怪的人,你可以送她卡通一点的物品,比如卡通外壳的手机、加了卡通元素的名牌包包,这样可以满足她对童话的幻想,也不会显得过于幼稚。还可以悄悄订一束鲜花直接送到她的办公室,一般女生都是喜欢惊喜的。

三、什么样的礼物会让对方心动

送恋人礼物,让对方满意也许并不难,但是让对方感动就不那么简单了。那送什么礼物才能让对方心动呢?

· 礼物要浪漫

男人也好，女人也好，恋爱的时候都是希望能够浪漫一些。其实，一件浪漫的礼物就能够发挥这样的作用，让你们的恋情充满甜蜜的回忆。浪漫的礼物有很多，如玫瑰、戒指、自己亲手制作的礼物等。

· 摸清对方的爱好，送他／她喜欢的东西

如果你不知道对方具体喜欢什么东西，你可以事先试探。比如，你在翻杂志的时候，直接问他杂志上的某件衣服看着如何。如果他很感兴趣，那么你就可以把它加入礼单行列中了。总之，送对方喜欢的东西比送昂贵但是他不喜欢的要更有价值。

你还可以留心对方有没有经常念叨的东西或是无意间流露出来的意愿，不要觉得这是很简单的事，他最想要的也许正是你最容易忽视的。如果对方在看电视时，对某件物品表现出艳羡，而这又在你的能力承受范围内，那么就最好把它作为礼物买回来。

· 亲手制作的礼品更有意义

自己亲手制作的东西所蕴藏的感情肯定是那些买来的东西不能比的。细微处的真情往往最打动人心。可以做一条他／她喜欢的手链，可以织一条围巾，让它给恋人带去温暖。

此外，还有一个比较传统的礼物，就是你亲手叠的纸鹤。纸鹤代表着想念，你可以叠53只，代表"勿散"，也可以叠520只，代表"我爱你"。纸鹤的数量没有限制，能表达自己的心意就好了。现在的年轻人更喜欢

做手账，做一本记录两个人恋爱故事的手账，既有趣又十分有意义。

· 送出礼物时不要忘记表达爱意

送礼物就是为了表达心意。在你送出礼物时，适时表达你对恋人的爱慕之意，会给对方带来更大的快乐，更容易感动恋人，两个人的关系才能更亲密。

四、送女友的礼物参考

· 檀木梳

梳子在古代有定情的作用，代表着白头偕老，此外梳子也很实用。送女友梳子时，可以选择檀木梳，檀木梳质地优良，又能保护头发。檀木梳的价格一般从几十到几百元不等。挑选礼物时，要根据自己的经济情况选择。

· 镜子

镜子和梳子一样，是每天都要用到的东西。人们常说，情人的镜子里，住着彼此最喜欢的人。可以送女友一个口碑好、品质有保障的化妆镜。这是既实用又贴心的礼物。

· 杯子

杯子的寓意是"一辈子"。男士们常送女友杯子，一来表示爱意恒久，二来也可以提醒女友日常要注意补充水分，照顾好自己的身体。

·水晶

送水晶给女友，是一个不错的选择。市面上的水晶商品晶莹剔透，种类繁多，价钱从几十到几百元不等。买水晶时，要选择设计别致、通透又闪亮的。水晶透明坚固，象征着坚不可摧的纯洁爱情。

·玫瑰

不管是在各种节日还是任何一个平凡的日子，鲜花都可以扮演重要的角色。当你有话说不出时，当你表示悔意或者表达祝福时，都可以送鲜花。不同的花有不同的花语。玫瑰：爱情、美丽，百合：顺利、祝福、心想事成，菊花：清净、高洁、我爱你、真情，风信子：喜悦、爱意、倾慕，紫罗兰：请相信我、青春永驻，郁金香：爱的表白、荣誉，红蔷薇：热恋，石竹：纯洁的爱、有才能、大胆、女性美，三色堇：思念。

·玩偶、毛绒玩具

女孩一般都喜欢玩偶、毛绒玩具之类的，不管是大是小，可爱还是好玩的，都爱不释手。如果你想要你的女友开心，可以送她喜欢的毛绒玩具，比如泰迪熊、加菲猫、星黛露、尼克、帕丁顿熊、小熊维尼等。尤其是圣诞节，可以买一个雪人公仔增添节日气氛。

还可以送女友她喜欢的卡通玩具，有些卡通人物可能是她从小就喜欢的，有些可能是她这些年的新宠。这就需要你日常多留心、多观察、多了解。总之，丰富、好玩的卡通玩具肯定会给她的生活带去甜蜜、快乐。

· 自制的贺卡

在女友生日时，你可以自己动手制作一张贺卡，买一堆的纸、染料、画笔等，按照你设想的模型打造一张充满温馨感的贺卡。在各类礼品都可以买到的今天，亲手制作的礼物更显诚意，更珍贵。

· 手链、项链

手链和项链的选购要符合女友的气质。如果你的经济能力允许，那你就可以考虑送银饰或珍珠手链，如手工精细、设计别致的铂金或珍珠材质的。此外，你还可以选择水晶手链或项链。如果你想更诗意一点，可以选择红玛瑙手链，一颗颗玛瑙串在一起，象征着永远不断的幸福。

为女友买项链时，你可以选择心形项链，两颗闪烁的心靠在一起，象征着永不分离。当你把这条精美的饰品送给她的时候，你的心也交给了她。此外，你还可以专门定制项链，字母项链就是不错的选择。

· 戒指

戒指对于女人来说有着非同一般的意义，所以在所有的首饰中，戒指是最让她们心动的。如果你认为黄金有些俗气，钻石太昂贵，就送白金的吧。戒指虽然只是小小的一个圈，但是却象征着把你们的心套在一起。

· 毛衣、围巾、手套等

送礼与过节的盛季（圣诞节、新年、情人节）都在冬天，天气都还很寒冷。在这样的节日里，你可以根据女友日常的衣服类型或喜欢的颜色，选择一件充满节日氛围的毛衣、一条漂亮合适的围巾、一双温暖漂亮的手套，对女友的爱，体现在这些细致和体贴里。

· 丝巾

情人节过后，春天也就跟着来了。所以，你可以在新的一年到来的时候，送给她一条丝巾。当丝巾随风飘扬时，浪漫也跟着随风飘起。

· 睡衣

睡衣是能够充分表达爱意的一种礼物，送一件能够陪着女友安眠的睡衣也很温馨。女孩儿一般喜欢纯丝制品睡衣，在挑选时要以舒适为先。

· 手机或钱包

送手机也是不错的选择。现在的手机产品更新换代加快，有不少新出的产品很是吸引眼球，作为成年人生活中必备的一样物品，也是一件很实用的礼物。

· 糖果、巧克力

很多女生都很爱吃甜食。如果你的女友也是，你可以送她糖果、巧克力或别的甜点。可爱的造型、精巧的包装、可口的味道都能让人心情愉快。

· 手表

女士佩戴的手表一般都讲究小巧精致，所以当你给女友选择手表时就应该在手表的造型上下功夫。有的手表，不仅可以戴在手上还可以挂在脖子上。

· 相机

如果你的女友喜欢旅行，喜欢拍照，是个十足的摄影爱好者，那么你可以挑一个相机给她。支持女友做她喜欢做的事情，也是一种真挚的表白。

· 香水

人们常有"闻香识女人"的说法。香水是个人气质的另一张名片，或优雅高贵，或恬静可爱，或热情奔放，或低调沉稳，每一种香都传递着不同的性格气息。送女友香水也是一门大学问，需要你平时多了解，多研究一下她喜欢的品牌和香调，这样在挑选起来时才不会无从下手。如果实在"闻"不懂香水，可以在各个新媒体平台上找一找科普的帖子，或者求助懂香的好友，让他们出出主意，帮助你挑选一款适合女友的香水。此外还可以直接询问女友喜欢哪款香水，这样虽然有失礼物的神秘感，但是不会让你盲目挑选的香水被闲置。

五、送男友的礼物参考

送男友的礼物可注重实用性，大多数男士不喜欢太过花哨的东西。在送男友礼物时，要考虑一下这件东西他是不是真的需要。给男友买的礼物不需要太昂贵，礼物太昂贵的话，他可能会觉得不自在，不知道该不该收下你的礼物。

·钱包

钱包对于男人来说，是不可或缺的一样物品，它既实用又显品位，一个精致有档次的钱包可以满足他们的虚荣心。有人说："风度男人的皮具，就像魅力女人的香水。"可见送男友钱包是一个比较稳妥的选择。如果经济条件允许的话，可以选高档的品牌钱包，一来品质优良，外形美观大方；二来经久耐用，很有实用性。

·手表

男人对手表的热衷和对钱包的差不多，你可以挑选一块有品位的手表作为礼物送给男友。就像香水对女人一样，腕表可以说是男人的第二张名片。男士很少带饰品，腕表对于他们来说，除了看时间，就是身上为数不多的装饰品了。从一个人佩戴的腕表，甚至可以看出他的工作类型、经济实力、审美偏好、性格特征等。同样，手表的价格从几百元到几十万甚至几百万元不等，要结合自己的经济状况以及男友的需求类型等因素进行综合考虑后，精心挑选一款最适合男友的腕表。

· 电动剃须刀

不仅只是"女为悦己者容"，其实男士也很愿意在欣赏自己的人面前塑造一个好形象。不光在恋人面前，工作、社交时都需要随时保持一个干净利落的形象。像电动剃须刀这类生活必需品就很适合当礼物来赠送。选择品质上乘、小巧便携的电动剃须刀送给男友，他出差时也可以带着，算得上一件贴心又实用的礼物了。

· 衬衣、领带、皮带

给男友送衬衣、领带、皮带也是一个不错的选择。挑选适合他穿的品牌、颜色、款式，既能显示你的品味和体贴，又能帮助男友打造或更新个人的职场形象，也是一件非常有意义的事情。

· 情侣对戒

送戒指不是男人的特权，女士同样可以送戒指给自己的男友。挑选一对精美可爱的情侣对戒，也是一个可行的选择。

· 一套有用的书籍

有句话说得很有趣："如果你想让一个男人进步，那你送他进书店；如果你想让一个男人坠落，那你送他进赌场。"无论是处在何种层次上的男人，都应该从先贤者、成功者身上汲取力量和智慧。送一套名著或专业书籍给男友，这样的礼物是很有价值的。

· 创意拼图

现在许多商家都推出了各种各样拼合了 IP 元素的拼图。可以定制一款创意拼图或按照男友的兴趣爱好给他选一款千块拼图，如果两个人能一起把拼图拼完就更好了。拼图是一款会让人在沉浸式玩耍中获得成就感的礼物，值得推荐。

· 精心准备的晚餐

吃饭有时候不仅是为消除饥饿，更是吃一种氛围和情调。如果有时间的话，给男友做几道他喜欢吃的菜，来个精致的摆盘，可以饮酒的话，小酌一杯，再准备一个饭后小甜点。这样精心准备的晚餐，不得不说是一个既用心又浪漫的礼物。

· 香水

现在市面上有各种各样的男士香水，可以根据男友的气质和风格，挑选一瓶合适的香水送给他。在选择香水这件事上，女士可比男士拿手多了。

· 红酒

不妨送男友一瓶红酒，品红酒是一件很浪漫的事情。

六、情人节的礼物参考

对于情侣来说，情人节无疑是一个重要的节日。情侣们在这天互赠礼物，表达心意。那要送什么礼物给恋人，才能既传神达意又不落俗套呢？

· 鲜花

虽然鲜花好像是一个被用到泛滥的礼物，但是恋人之间终究还是不能缺少鲜花的，鲜花所拥有的浪漫元素也一直未曾消减过。情人节这一天不是一定要送玫瑰花不可，你可以根据对方的性格来选择送她玫瑰花之外的其他花种。如果她个性温纯，可以送束百合给她；如果她高贵迷人，可以送紫罗兰或者郁金香；如果她活泼可爱，那么波斯菊就是不错的选择。

当然，送玫瑰花依旧是最稳妥的。

· 巧克力

巧克力是情人节最传统的礼物，甜蜜的巧克力会让人心情愉快，体现了爱情的幸福。如果你们刚确立关系，暂时还不清楚对方的喜好，那送巧克力是个不错的选择。市面上巧克力的品牌有很多，可根据个人口味和经济预算等进行选择。

除了传统的巧克力产品，现在市面上还出现了定制款巧克力，可以找店铺用自己喜欢的照片或图案定制，十分有新意。如果你想送给对方一个不一样的礼物，可以尝试去定制这种巧克力。

· 一封手写情书

如今随着互联网的飞速发展，人们只用一部手机就可以完成很多的事情：出行、购物、社交。从前的书信交流方式越来越为现代人所忽视，可能现在很多情侣都不知道还有手写情书这回事，殊不知一封手写的表白信带来的感动是别的方式无法替代的。所以在情人节这天，你不妨送对方一封手写的情书，斟词酌句，仔细书写，吐露真心，表达真意。这样真诚和用心的礼物，相信对方一定会喜欢。

· 短途旅行

如果情人节当天双方都有空的话，可以考虑安排一次短途旅行。选择一个风景优美的地方，暂别烦扰的工作和琐碎的生活，一起抛开烦恼，短暂地放松一下，这样的旅行是拉近两人关系非常好的方法。但需要注意的是，出发前要提前做好攻略，尽量把行程安排得细致周到，保证愉快的旅途体验。

· 美酒

情人节配美酒。在这个温馨的节日，可以挑一瓶口味上佳的红酒或香槟。如果是男士选酒，要多考虑女士的口味和喜好，切忌选烈酒，可以选择口味稍甜的，这样才能让情人节锦上添花，一路甜到底。

· 情侣香水

在情人节这天可以送对方一瓶精心挑选的情侣香水。两个人身上散发同一种香味会让彼此都有一种归属感，很是浪漫。

· 钻石

钻石恒久远，一颗永流传。人们赋予了它如此美好的意义，就是希望爱情也能像散发着光彩的钻石一样，夺目又永久。所以当你认定此刻的恋人会是你一生的伴侣时，别犹豫，钻石就是最好的礼物。璀璨无瑕的钻石，象征弥足珍贵的爱情，当你手捧一颗钻石送到恋人面前时，不管它多大，都能发出照亮人心的光辉，相信它一定会成为你们爱情路上最宝贵的信物。

· 烛光晚餐

如果经济条件允许，可以带着恋人共赴一场奢华浪漫的烛光晚餐，雪白的餐布、鲜艳的玫瑰、泛着银光的餐具、营造氛围的蜡烛，再加上优雅的小提琴曲，所有的浪漫都尽在不言中。

烛光晚餐并不是富人群体的特权，无须像偶像剧里那样奢华，普通人照样可以拥有属于自己的烛光晚餐，亲自准备的饭菜和布置的场景反而更显温馨。

· 玫瑰的数量有寓意

玫瑰是恋爱中的男女表达爱意的最常用"武器"。玫瑰花送得合适、恰当，那就真的是锦上添花，但是，一旦玫瑰花送得不恰当，可能让你连自己错在哪里都不知道。送玫瑰除了瞅准时机，还要了解玫瑰的不同数量所表达的不同含义。

1 朵玫瑰代表我的心中只有你　　　　2 朵玫瑰代表这世界只有我俩

3 朵玫瑰代表我爱你　　　　　　　　4 朵玫瑰代表至死不渝

5 朵玫瑰代表无怨无悔　　　　　　　6 朵玫瑰代表互相敬爱

7 朵玫瑰代表我偷偷地爱着你　　　　8 朵玫瑰代表感谢你的关怀

9 朵玫瑰代表长久　　　　　　　　　10 朵玫瑰代表十全十美，无懈可击

11 朵玫瑰代表只在乎你一人　　　　　12 朵玫瑰代表心心相印

13 朵玫瑰代表友谊长存　　　　　　　14 朵玫瑰代表骄傲

15 朵玫瑰代表抱歉　　　　　　　　　16 朵玫瑰代表多变不安的爱

17 朵玫瑰代表绝望且无可挽回　　　　18 朵玫瑰代表真诚与坦白

19 朵玫瑰代表忍耐与期待　　　　　　20 朵玫瑰代表永远爱你，此情不渝

21 朵玫瑰代表真诚的爱　　　　　　　22 朵玫瑰代表两情相悦

25 朵玫瑰代表祝你幸福　　　　　　　30 朵玫瑰代表有缘

36 朵玫瑰代表浪漫　　　　　　　　　40 朵玫瑰代表誓死不渝的爱情

50 朵玫瑰代表无悔的爱　　　　　　　99 朵玫瑰代表天长地久

100 朵玫瑰代表百分之百的爱　　　　　101 朵玫瑰代表你是我唯一的最爱

108 朵玫瑰代表嫁给我吧　　　　　　　111 朵玫瑰代表无尽的爱

123 朵玫瑰代表爱情自由　　　　　　144 朵玫瑰代表爱你日日月月、生生世世

365 朵玫瑰代表天天想你　　　　　　999 朵玫瑰代表天长地久

· 不同种类的巧克力代表不同的感情

情人节时，最热门的两种礼物就是玫瑰花和巧克力。玫瑰花所代表

的意义已经被大家所熟知，除了花有花语，送不同的巧克力也有不同的说法，可以反映出一个人的内心。你可以通过恋人送的巧克力的口味，来判断你在他心中是一个怎样的形象。

（1）薄荷巧克力。

如果是你送恋人的，表明你是一个很懂得生活情趣的人，恋人是你梦寐以求、难得遇上的最佳情人，但同时你又缺少安全感，担心对方随时离你而去。

如果是恋人送你的，表明你在他心目中是个前卫、愿意接受新事物的人，在情人心里占据了重要位置，但对方会觉得你有点贪玩，令人担心。

（2）酒心巧克力。

如果是女士送恋人的，说明恋人在你心目中是一个情感高手，常常让你心情愉悦，并且你已经对他死心塌地，依赖性很强，但这个状态的你也应该考虑一下自己是不是太过于失去自我，有点丧失主见。

如果是男士送恋人的，说明你在恋人心目中是一个喜欢创新、不断挑战自我的人，太过于以自我为中心的你常常会让恋人觉得受到了冷落。所以收到这个口味的巧克力时，你就要注意一下对恋人的态度了。

（3）黑巧克力。

如果是女士送恋人的，说明恋人在你心目中是一个老实、勤劳、肯吃苦又有主见的人，是你信得过的好伴侣。

如果是男士送恋人的，说明你在恋人心中是一个神秘莫测的人，他很想保护你，但是又不知道该怎么做才好。

（4）牛奶巧克力。

如果是女士送恋人的，说明恋人在你心目中是个性格乖巧的人，他很善良也很诚恳，一直在生活中给予自己温暖的陪伴。

如果是男士送恋人的，说明你在恋人心中是一个漂亮的小公主或是帅气的小王子，会一直需要他的保护。

（5）果仁巧克力。

如果是你送恋人的，说明你对你们细水长流的感情很满意，这份踏实的陪伴让你感到很安心。

如果是恋人送你的，说明他对你一心一意，想时时刻刻陪在你身边。

（6）白巧克力。

如果是你送恋人的，说明在你的心目中，恋人总是很尊重你的想法，但是有时候会缺乏主见，缺少一些担当。

如果是恋人送你的，说明你的恋人现在很苦恼，你在他心目中是一个温柔的伴侣，但是有些过分注重清洁，有轻微的洁癖，有时候会让人有点难以接受。

🎁 第五节　夫妻之间：礼物是刚需，不是惊喜

一、送妻子

妻子是相守一生的伴侣，作为丈夫，买礼物送给妻子是很有必要的。给妻子送礼，要有诚意，更要有新意。除了花钱买礼物，也可以自己亲手做些小工艺品。尤其是在妻子生日或者有重要节日时，送出自己亲手做出来的礼物会更有意义。送妻子礼物可以选择以下几种物品。

· 选择她心仪已久的

买的礼物是否合适，要看你是否了解你的妻子，是否知道她喜欢什么、需要什么。如果因为粗心大意或者太过忙碌而忽略了妻子的喜好，那就要在平时多留心观察，看有没有什么东西是她很想买但又不舍得买的，你可以悄悄买来再送给她，相信妻子一定会惊喜和开心。如果你和妻子逛街时，她对橱窗内的某件衣服或某双鞋子驻足观看了很久，或者不自禁地表达过喜爱，但最后又悻悻地扭头回家，那她可能就是很喜欢但又舍不得买，这时候你就要出手了！

送妻子礼物贵在用心，不是越贵就越好，而是让她真正喜欢。如果妻子明明喜欢洁白的百合，你却送她火红的玫瑰，这样就算你送她再贵

再多的玫瑰，也不会让她感到惊喜。感情需要明示。你可以在某个特殊的日子里，带她去向往已久的地方旅行，在异乡异地来一场真切的告白是很浪漫的。

· 首饰

无论在哪个年代、哪个年龄段，首饰都是女人的心头好。首饰一般都是随身携带的东西，送这样的东西给妻子，不仅能满足妻子的需求，还可以让她时不时地想到你。送首饰可以选择项链、手镯、耳环、戒指等，不需要买过于昂贵的饰物，只要让妻子明白你对她的用心就好了。如果你的妻子温柔贤惠，你可以送她水晶或者玉制的项链或手镯。如果你的妻子干练活跃，你可以送她纯金耳环或吊坠。

· 香水以及护肤品

香水用得好的女人会散发一种特别的魅力。如果你的妻子有固定使用的品牌，你可以挑选这个品牌的香水送给她；如果没有固定使用的品牌或是不经常使用香水，你可以挑选口碑比较好的。若你对女士香水了解不多，可以上网检索或直接去商场咨询柜员。

女人对护肤品的重视程度绝对不低于衣物。适合的护肤品虽然不能返老还童，却能让人看起来比同龄人更年轻、更有精神。如果经济条件允许，可以送妻子一套高档的护肤品；如果经济条件欠佳，就在可接受的价格范围内，选择一个性价比最高的。

·胸针

女人大都喜欢一些小饰品，如果你的妻子是一位有品位、追求时尚的人，可以送她一只新颖别致的胸针，优雅又特别，是极好的装饰品。

·花

每个女人对花都有一种喜爱的情愫，即使嘴上不说，心里对花也总是向往的，尤其是当爱人送花时，她们一定会喜不自禁。给妻子送礼物不能敷衍，一个人有多少诚心，是很容易被看清的。鲜花代表浪漫，每一种花都有它的花语。当你想向妻子表达情感时，可以借鲜花来诉说。

有位结婚 3 年的妻子曾说："作为妻子，我只希望老公可以在家陪我谈谈心，因此结婚后聊天的机会反而少了。"送礼的目的不就是让妻子开心、感动吗？送她一束花，这样你也可以和她一起欣赏或讨论，在交流与陪伴中增进感情。

二、送丈夫

一般来说，丈夫就是家里的顶梁柱，承受的压力也会更多些。然而，在日常的生活中，有的夫妻变得只关心柴米油盐，忽略了对彼此的关心。其实有时候，不需要多的言语，一个礼物就能把心中的情感表达出来，就算是习惯了奔波忙碌的丈夫，也需要情感的慰藉。

下面有几种礼物类型，可以作为妻子挑选礼物时的参考。

· 浪漫的礼物

浪漫是婚姻生活中不可或缺的调剂品。当丈夫习惯了每天上班、下班、吃饭、睡觉的重复单调的生活时，难免会觉得日子枯燥无味。这时如果妻子能送他一件别致的有情调的礼物，就能给丈夫一个大大的惊喜，也会给生活增添一点新鲜感。

至于什么才算是浪漫的礼物，就要从丈夫的兴趣爱好着手了。如果你的丈夫是对生活比较讲究的人，可以定制水晶酒杯，也可以送他一瓶名酒。酒是年代越久味道越醇，正如你们的爱情一样，时间越久就越浓郁。如果你的丈夫是一个安静、有情调的人，你可以送他一把小巧别致的咖啡壶或古朴典雅的小茶具。午后晒着温暖的阳光，与爱人一起品壶、品茶、品咖啡、品人生，也是一段惬意的浪漫时光。

礼物不一定得是某样物品，你也可以送一份体验、一次旅行。你可以带他去郊游、划船，或者是去他喜欢的地方旅行。这样不仅会让他体会被照顾的感觉，还会使他心境开阔，更享受你们之间的生活。

· 有纪念价值的礼物

可以送丈夫记录着你们共同回忆的礼物，这样可以让他不断想起你们一起走过的路程，那些或是感激、或是甜蜜、或是辛酸的历程。这样的礼物一般不宜太大，要适合保存或者收藏。

· 日常用品

礼物不一定得在节日或者纪念日的时候送，在任何一个普通的日子都可以送。这时送的礼物不需要太贵也不需要太正式，送一些日常用品就好了。夏天时，你可以送他一把扇子，降温解暑；冬天时，你可以送他一副手套，驱寒保暖。你还可以送他一把剃须刀、一个新钱包、一套护肤品。如果你的丈夫爱写字，你可以送一支钢笔给他。

· 衣饰配件让丈夫更帅气

不是只有女人才有爱美之心，男人也一样，只是表现得不明显。如果你想让丈夫心情愉悦，不如送些衣服配件等，让他看起来焕然一新，同时也让他感受到你的关心。

如果你的丈夫要经常出入社交场所，西装、皮鞋、领带是必不可少的，你可以为他挑选适合的西装或者皮鞋。领带可以多买几条，毕竟合适的领带对整套装扮而言是点睛之笔，更易聚焦别人的目光。你也可以送他一些亲手做的东西，也许做出来的东西并不是那么漂亮，但是在爱人的心里会更有分量。

· 运动类器材，以保持健康体魄

如果你的丈夫酷爱跑步、爬山等运动，你可以投其所好送他运动用的必需品。比如说他是个球迷，你就可以送与球类相关的礼品。

· 送花

不只有妻子对花情有独钟，它同样会让丈夫心潮澎湃。向来都是男人给女人送花，这次调换一下，做丈夫的不惊喜也难。你可以托花店给他送一束花到办公室，适当地让他受到瞩目。被别人羡慕一下也是很有意思的。

三、结婚纪念日送什么

中国人都说，结婚是终身大事，不能马虎。既然婚姻对每个人来说如此重要，那么结婚纪念日自然也是夫妻之间独有的重要节日。每到这一天来临的时候，夫妻双方都会伤一番脑筋，考虑要买什么送给对方。

在这个值得铭记在心的日子，不管是谁送给谁礼物，都要注重贴心，让彼此看到礼物的时候都感觉到对方是最了解自己的。

相信下面的礼物，将会给你们平凡的生活增添一种浪漫气息。

· 送对方一颗同心树种子

在结婚纪念日的那一天，把一颗小小的同心树种子包装后放进小礼品盒里，然后在早晨时送给对方。当对方感动于你的小心思时，你可以带他／她去挑选一小块地方种下。一天天，一年年，看着树苗慢慢长大，让它来见证你们的生活与爱情。

· 故地重游加烛光晚餐

在结婚纪念日的这天，你可以请对方去你们曾经最难忘的地方游玩，虽然这不是什么实实在在的物品，但却是一份意义非凡的礼物，可以让彼此再次体会到当时热恋时的心情。故地重游之后，你们还可以享受浪漫的烛光晚餐，让餐厅的服务员提前准备好庆祝蛋糕，延续一天的美好气氛……

婚姻生活也需要保养，当感情过于平淡时，不如趁这个日子让你们的感情回到最初的原点，相信这对你们的婚姻生活是有帮助的。

第六节　送朋友：礼无大小，情谊最重

给朋友挑选礼物要比给父母、恋人容易得多，既然是朋友，必定兴趣相近、互相了解。不用刻意去想送对方什么好，根据你对朋友的了解，挑选礼物即可。

但是不可否认的是，送朋友礼物有时候也是个难题。这是因为朋友中并不全是知己，有一些是刚认识不久的新朋友、相交较浅的朋友，或者网上有联系却未曾谋面的朋友，同性、异性朋友也有区别，礼品的选择都不能太随便。不过，相信一份合适的礼物会有效巩固你们之间的友谊。

一、送朋友礼物的原则

· 不求贵重，要有真心

朋友之间最珍贵的就是相互理解、相互支持与真心真情。因此，朋友之间不需要送贵重的礼物。中国有句古话说得好："君子之交淡如水。"友谊在，一杯水也是一份好礼物。给朋友送东西十分犹豫、勉强，或是有求于人时才买重礼去看望朋友，都是有悖于朋友之间的道义的。

我们可以在朋友空闲的时候，约他／她一起娱乐消遣；在朋友学业或工作上取得进步和成绩的时候，送上一份小礼物表示祝福和鼓励；在朋友遇到挫折、心烦意乱的时候，无论是一束鲜花、一本书还是两张球票，甚至是一个微笑、一个拥抱，都包含着你的鼓励，能让朋友迅速走出低迷。

· 依照对方兴趣来选择礼物

根据朋友的兴趣爱好给他挑选礼物是最简单实用的一种方法。首先，你们能够成为朋友，肯定是在某些方面有相同的志趣。可以送一些这方面的礼物，让他感受到你对两人之间友谊的重视。比如你们都爱看球，就送他球票，一起去看球；如果你们都是音乐爱好者，就送他音乐会的入场券，一起去体验音乐带来的享受。

除了两人共同的爱好，在日常交往中，你还应该知道对方其他的一些爱好，可以在那些方面入手。这样，会让对方感觉到你对他的了解、在意和真心。比如，朋友酷爱天文，这时你可以送他一架天文望远镜，他肯定会非常喜欢。

· 礼物要有个性、特色

朋友之间都很熟悉，尤其是好朋友，更是知根知底。他们有时候凭借对你的了解便能大体猜到你的礼物。即使这样，他们依然会很高兴，你也可以尝试着给朋友一些惊喜。这就需要你送一份独一无二、有个性、有创意的礼物。这样的礼物不仅能让收到的人感到惊喜和感动，还能让他们感受到你花了很多心思，对两人之间的友谊很重视。

一些个性的工艺品是不错的选择。此外，带有朋友个人形象元素的定制的礼物也可以列入考虑范围。

· 礼物要有纪念性（能长久保存）

送朋友的礼物可以是实用的东西，比如衣服、背包、吃的之类的日常用品，但这类礼物很可能会淹没在日常生活中，时间一久，就会被忘记。你也可以选择送一些有纪念意义、能够长久保存的礼物。

这类礼物最好是"四不掉"：吃不掉、用不掉、送不掉、扔不掉。吃不掉和用不掉就是要求这份礼物不是消耗品；送不掉和扔不掉则是要求这份礼物是专门为对方准备的，能持久保存，是适合表达心意，让对方产生愉悦与珍惜之感的礼物。

· 不建议让朋友自己挑选礼物

有的人送人礼物的时候喜欢让对方自己选择要什么，或者从给出的几个备选中选择一样。这样看似能够让对方觉得满意，其实不然。一般不建议这样做，送人礼物是要表达心意，加深感情，而不是让收礼的人得到最大的实惠。如果是那样的话，就不叫送礼了，应该称为发福利。再者，让对方自己选择礼物，对方可能会在价格上有所顾虑。

收礼物的乐趣就是期待和惊喜。比如，你总是惦记着过生日的时候朋友会送你什么礼物，当你生日那天收到礼物，打开包装盒的时候，或许会被里面的礼物逗笑，或许会感动，或许还会感到惊喜。如果是喊你到商场自己挑，那就失去了这些期待和快乐。还有一种可能，就是朋友选择了这件礼物，却事后后悔，总是惦记着另一件，后悔当初怎么没有选那一件。这样，送礼物、收礼物的初衷和意义就全被破坏了。

二、根据朋友的性格挑选礼物

· 给需要鼓励和劝诫的朋友送什么

人生不如意事十之八九。当朋友遇到挫折、困难，有时候安慰与鼓励的话语不如一个贴心、有寓意的小礼物起作用。还有，当我们发现朋友的缺点和不当之处，想给予一些劝诫和忠告的时候，也可以用礼物委婉地表达。这样的礼物的特点是要有寓意、针对性，要体现你的真诚和体谅，不要让朋友误解成挖苦、讽刺。

失恋的朋友：请他去痛快地大吃一顿，畅饮倾诉一番，忘记烦恼。

容易情绪化的朋友：送他一盏明亮的台灯，或者太阳造型的靠垫，让他心情明亮。

工作忙碌的朋友：送他便携可爱的小音响、维生素C饮品等，帮助他缓解压力，消除疲劳，补充营养。

遇到挫折的朋友：送他一本励志图书，一起去看一场电影，或者陪他聊聊天。

被上司责骂的朋友：遇到这种事情谁心里都不舒服，可以一起去唱歌，或者去看一场球赛，拼命地呐喊加油，发泄出心中的不快。

总是迟到的朋友：送他一块手表或者一个闹钟。

遇事浮躁、沉不住气的朋友：送他一串佛珠手链，寓意沉着稳重。

缺乏耐性的朋友：送他积木、拼图等需要耐心才能完成的玩具。

· 给爱好广泛的朋友送什么

给爱好广泛的人送礼物只要做到投其所好，就不会出错。下面一些礼物可以作为参考。

如果对方喜欢跑步，可以送跑鞋、运动装、计时器、吸汗毛巾等。

如果对方喜欢滑雪，可以送帽子、护目镜、防水手套、面罩、护膝等。

如果对方喜欢球类运动，可以送球、球鞋，还可送对方喜欢球队的纪念品。

如果对方喜欢水上项目运动，可以送泳衣、防水镜等。

如果对方喜欢垂钓，可以送鱼钩、鱼线、鱼竿等渔具，太阳帽、太阳伞、座椅等辅助用品。

如果对方喜欢美术，可以送画布、画架、画笔等，还可以送美术类的书籍或对方喜欢的美术家的作品集等。

如果对方喜欢音乐，可以有针对性地送乐器、喜欢歌手的 CD、音乐会入场券、偶像的演唱会门票等。

如果对方喜欢戏剧，可以送戏剧演出门票，也可以送一些与戏剧有关的工艺品，比如送京剧爱好者脸谱挂件。

喜欢读书的朋友：送对方喜欢的作家的作品、中外名著、附近图书馆的借阅证，给他订一份报刊或杂志。

喜欢收藏的朋友：送稀缺的邮票、钱币、古物，世界各地的烟盒、火柴盒、明信片等，物以稀为贵，只要是身边不常见的东西都可以。

喜欢旅游的朋友：送登山鞋、登山包、手杖、野外帐篷、睡袋、旅行药箱等户外用品。

喜欢美食的朋友：送各地的特色美食，精美的厨房用具、餐具，食谱书和美食杂志，餐厅酒店的代金券、礼券等。

· 给品味高雅的朋友送什么礼物

朋友中不乏品味高雅的人，送他们的礼物要注重文化内涵。工艺品往往是高品位和财富的象征，珍贵的工艺品还有收藏价值，无论是摆放在客厅还是悬挂在卧室都会受到人们的欢迎。不过，在赠送工艺品的时候一定要注意对方家中居室的特点。如果房子大，就可以考虑送大型的工艺品，例如挂毯、屏风等；如果居室小，就送一些小巧精致的礼物，如水晶制品、木雕笔筒、景德镇花瓶等。

工艺品种类繁多，既有贵重的，如金、银、玉石制品，也有普通的，如中国结、十字绣、茶具等。送什么，往往根据自己的经济水平和对方的品味决定。下面便是一些这类礼物的参考。

刺绣、丝绸制品——如湘绣、织锦绣等，有中国特色，高贵华丽。

风景油画——最好有异国风情。

紫砂茶具——兼具实用与历史感。

炭雕——既是工艺品,又可以杀菌、防霉、净化空气。

石雕、贝雕——小巧玲珑为佳。

漆器——传统工艺品,如乌木餐具、紫檀木家具等。

琉璃印章——传统工艺品,有收藏价值。

古扇——扇面上最好有名家题字或者画作。

水墨字画——送书画爱好者。

地毯、挂毯——最好是绣着有少数民族风情的图案,美观又独特。

中国结——花样繁多,富有民族特色。

景泰蓝——中国的传统工艺品。

古籍——精装的"二十四史""四大名著"等。

三、女士送男士

送男性朋友礼物虽然不像送女性朋友那样,可供挑选的礼物种类繁多、样式各异,但只要了解对方的性格,挑选一件适合对方的礼物也不是一件难事。

· 如果他比较活泼幽默

给活泼幽默的男性选择礼品最简单,这种人天性乐观,即使你的礼物选得不好,他也不会放在心上。只要跟这种性格的人接触过,大概就会知道他的兴趣爱好。按照兴趣爱好给他选择礼物准没错。

· 如果他比较斯文

斯文的人一般都比较细心，情感也很细腻，可以给他们送一些比较精密的玩具，比如仿真版的轮船、飞机模型等。也可以给他们送一些轻松舒缓的音乐专辑，或者一些实用的办公用品。如果你觉得这些都不合适，可以送一些大众化的礼物，比如茶叶、打火机之类的。

· 如果他非常阳光、热爱生活

送这类朋友礼物就要考虑其生活品位了：送他一幅《向日葵》油画，寓意以坦诚、感恩之心看待生活；送他几个舒适的沙发靠垫或者车内坐垫，让他能在细节处享受生活；送一套咖啡杯或者是一个咖啡机，于浓浓香味中品味生活；一瓶红酒、一张 CD 、一套音响设备都可以，闲暇时可以享受生活，除去心中烦恼，细细品味人生。

· 关系一般，可以跟别人一起送

如果只是普通朋友，给他送东西最好随大流。和别人一起送，或是大家合伙买一件礼品都可以。这样做一来省事，二来免得你精心细选的礼物不被喜欢。

· 哪些东西不能送

一些涉及对方习俗禁忌的礼物不要送，这需要事先对对方有个基本的了解。再有就是一些不符合双方关系的礼物不要送，比如围巾、领带、衬衣、皮带、皮鞋等衣物，以及钱包、剃须刀、手表、香水等贴身用品。

这些东西一般都是比较亲密的恋人才会送，免得引发误会。不过，如果你知道对方单身，并且对他有好感的话，也不妨用这些礼物来暗示，或者试探。

四、男士送女士

给女性朋友选择的礼物应该别致、有品位，高雅而不失温馨。这也是每位女士最希望收到的礼物类型。其实做到这一点并不难，只要我们在挑选礼品时注意精心、细心、贴心，一定会选出一份让对方喜欢的礼物。

· 给女士送礼物的几个原则

（1）贴心：了解女性的品味和喜好。

对方喜欢的、想要的就是贴心的，这就需要我们对对方的兴趣、爱好，或最近有什么急需的东西做一定的了解。如果不是特别熟悉，也可以去问一下她周边的朋友。也可以送一些女性都喜欢的礼物，比如一款精致的皮包、一条漂亮的丝巾、一支热门色号的口红等。

（2）精心：用心挑选。

挑选礼物并不是知道对方喜欢什么或需要什么之后，随便买一件就万事大吉了。这只是迈出了第一步，下一步需要精心挑选。比如，知道对方喜欢收集挎包，你不能直接去商场随便买一个回来送给人家，而如果你知道对方的品味或者喜欢的风格的话那就好办了。如果不知道，请记住，热情、时尚并带有一些俏皮和灵动的风格是大部分女士都喜欢的。

（3）细心：细节问题要注意。

女士一般都比较心细，所以礼物的细节问题也要注意。比如买食品、彩妆或香水时要注意是否过了保质期，饰品的尺码大小是否适合对方。这类问题尽早想到，尽早解决，不要等到礼物送出去之后才发现有问题。如果因为这些细节问题而让你精心挑选的礼物没有收到应有的成效的话，那就太可惜了。

除此之外，礼物的包装也很重要，它是给人的第一印象，尤其是对女孩子来说，一件包装精美的礼物，会更讨人欢心。另外，无论礼物价格高低，建议把价格标签撕下来，免得对方对你的动机有所怀疑。

· 爱美是女人的天性

爱美是女人的天性，无论对方是什么年龄有何性格特点，这一点大部分是相同的。所以，无论是漂亮的衣服、高档的护肤品还是高级的美妆产品，对她们来说都有着永恒的吸引力。送一条美丽的裙子，送一套适合对方肤质的化妆品都会让她高兴。

· 根据你们的关系来考虑

如果你们只是普通的朋友关系，些有明显寓意或带有暗示性的礼物最好不要送。比如首饰，尤其是戒指，还有贴身的衣物，比如睡衣、袜子之类的。否则会引起别人的误会，造成不必要的困扰。

相反，如果你知道对方单身并对她有好感的话，就要好好策划一下这份礼物了。因为这是你情感的载体，最好能让对方通过这件礼物明白你的心思。必要的话，还可以写一张贺卡随礼物一起奉上，在贺卡中表露心意，更显诚意。

· 根据对方的性格选择礼物

了解了对方的风格，一般就会知道大体应该送什么样的礼物。

活泼可爱型：送时下最流行的公仔、盲盒，各种搞怪款式的小玩意。

时尚型：最新款的手机、手表或耳机等电子产品。

爱美型：护肤品、化妆品、香水、首饰等。

运动型：运动服饰和装备等。

文静型：音乐 CD、书。

务实型：钢笔、护眼灯、日历之类的日常用品。

· 瑜伽——时尚、健康的礼物

瑜伽历史悠久，近些年来开始流行，是一种修身养性的运动，受到广大女性的喜欢。生活节奏越来越快，它能帮你消除疲惫，提高身体的柔韧性，塑造良好身材，放松心情，缓解压力。除在心情方面让人变得更乐观以外，练瑜伽还能影响人体的脑部、腺体、脊柱和内部器官，增强人的免疫能力。

既然练习瑜伽有这么多好处，你可以给女性朋友送一套练习瑜伽的装备：瑜伽服、瑜伽垫、瑜伽课程。这也是个不错的选择。

· 给女性送茶有讲究

不管对于女人还是男人，适量饮茶都有利于身体健康，不仅能清热败火，排毒养颜，还有清肠减肥的功效。茶是送女性朋友的一个不错的选择。不过，不同的茶有不同的特性，你可以根据对方的具体情况选择。在送出的时候加以说明，可显示你的用心与诚意。

普洱茶：普洱茶是女性喝茶的首选，因其茶性温和且暖胃，也能降血压。

玫瑰花茶：玫瑰花茶有美容养颜的功效，特别适合年轻人，尤其适合皮肤容易干燥的人。

菊花茶：菊花茶并不适合每一个人，菊花性凉，不宜长期饮用，易造成身体不适，这种茶适合作为调剂品，偶尔喝。

凤凰单丛水仙茶：这是广东乌龙茶的一种，味道醇厚，带有水果的鲜味，像是饮料，让人很有食欲，适合送给大部分人群，尤其是刚刚开始喝茶的人。

薰衣草茶：这种茶比较适合送给上班族的女性，因为它除了本身味道清香，还有消除肠胃胀气、镇静、舒缓消化道痉挛、缓和焦虑、预防恶心晕眩、预防感冒等众多益处。不过，孕妇应注意用量，不可连续饮用太多。

五、如何给朋友过生日

这一天是专属于对方的节日，朋友们应该聚到一起为他庆祝，这是对他的祝福和鼓励，也是你们之间友情的体现和见证。可送朋友的生日礼物有很多，前面也说了不少。

· 生日派对

可以约在朋友家中，也可以定在饭店或酒店里。要好的朋友们聚在一起，每个人都为过生日的朋友准备一份小礼物，为朋友送上祝福，共同感受友情的温暖。有时候，成年人比孩童更期待，也更需要这样的仪式感。生日蛋糕是必不可少的一份礼物，可以由大家事先商量好谁去买，免得到时候每人都提着一盒蛋糕到场。蛋糕最好去专门定做，做得有特色、有风格。切忌在店里粗心大意，拿了一个就走。试想你朋友今年不过 20 岁，结果蛋糕上除了仙桃就是松柏，那就太不合适了。

第三章

把握恰到好处的社交分寸

🎁 第一节 送老师：用礼物感恩教诲

教师被称为天底下最伟大的职业。我们接受的最早的爱来自父母，而最深的教育大都来自老师，很多老师甚至会影响我们的一生。出于对老师的尊敬、爱戴和感恩，在教师节或其他节日，我们应该给老师送上一份礼物。

一、不要送太贵重的礼物

给老师送礼物应以表达尊敬、感恩为主，不适合送太贵重的礼物。否则的话，会被人怀疑你的动机，也会让老师感到为难，礼物也多半会被退回。其实价格问题不是给老师选礼物的重点，有时候自己手工制作的礼物反而会让老师特别感动。如果你在社会上有了一定的地位，有了一定的经济实力，想好好感谢一下当年对自己影响较大的老师，选一份略为贵重的礼物送给老师，也未尝不可。

二、不建议直接去问老师喜欢什么礼物

相比礼物来说，老师更希望得到的是大家的认同，有时候还怕学生

给自己买礼物会花费父母的钱。所以给老师送礼物之前不要去询问，问了也多半会被拒绝，这样没了老师收到礼物之后的惊喜，送礼物的效果就会大打折扣。

如果你已经毕业参加工作，有一定的经济实力承担这份礼物，去问老师送什么好，会让人怀疑你的诚意。其实无论你的经济实力如何，老师都不会主动开口要你的礼物。

三、不要送一些不切实际的礼物

送老师的礼物尤其要考虑实用性，不要送一些不切实际的礼物。例如：孙某班上的同学觉得自己的班主任为人和蔼可亲，而且年轻英俊，很有《泰坦尼克号》中男主角的风度。于是大家商量着，偷偷给班主任从网上订购了一套燕尾服，并在教师节这天送给了他。班主任拿到礼物之后哭笑不得，他十分感谢同学们的用心，却遗憾地说这件衣服自己这辈子肯定是没机会穿了，因为燕尾服是非常正规的礼仪服饰，只有在出席特定的场合时才穿得着，而且国内很少有人穿。

如此，一些礼服、特定的装饰品都不适合送。可以选择送一些朴素的、常用的东西，比如钢笔、书、摆在桌上的盆景之类的。这类东西价格不高，而且实用性强，不会被老师拒绝，也能伴随老师左右，让老师时刻想起你。

四、送健康

由于工作性质，老师经常会腰酸背痛，另外每天长时间地讲课以及粉尘的原因，也让咽炎成了教师的职业病。

给老师送礼物的时候可以从关心他们的健康方面考虑，这样的礼物大都会受到老师的欢迎。送这样的礼物应该根据自己的经济条件而定，如果经济条件好的话，可以送老师一些高级的按摩椅、按摩仪或者足疗仪之类的；如果经济条件一般，可以送老师一个舒适的靠垫、一盆绿植，或是一些润喉茶也不错，既实用又温馨。

五、礼物要有纪念性

天下没有不散的筵席，师生的缘分迟早是要走到尽头的，学生和老师总会互相道别。在升学或者毕业的时候，可以送上一份有纪念性的礼物，表达你对他的尊敬和感恩。

纪念性的礼物一般是指能够勾起过去美好回忆、长久保存的。一些吃的东西或鲜花之类的礼物在这个时候就变得不太合适了，可以选择一些有纪念意义的礼物。例如，收集全班学生祝福语的留言册，虽然这类的礼物会有点传统，也有点"过时"，但确实表达心意，是体现诚意的首选。

· 亲手制作的礼物更有意义

既然老师不在乎礼物的价值，也反对学生为他花钱，为何不自己制作一份礼物呢？亲手制作的礼物更能体现出你的用心。

亲手制作的礼物可以是一张贺卡，自己设计内容，绘制色彩，写下你的祝福语；可以制作一个相框，把老师的照片或者自己和老师的合照放进去，把祝福的话写在背面。也可以制作一张电子贺卡，既有图片又有文字还可以加上音乐，发送到老师的邮箱。自己画一幅画、写一幅字，都可以是送给老师的礼物。

· 考虑老师的喜好

老师只把他平时辛苦劳作的一面展现出来，很多人不知道老师平时的兴趣爱好是什么。我们可以探听一下老师的课余爱好，送一件投其所好的礼物，给老师一份惊喜。

老师如果喜欢垂钓，就送他一根鱼竿、上好的鱼钩或者是全套的渔具；老师喜欢练书法的话，就去挑选一根上好的毛笔或一方砚台送给他；老师如果是一个戏迷，就送他几张戏剧演出门票；如果老师喜欢养鱼的话，就去花鸟市场给老师挑几条金鱼，或者一个漂亮的小鱼缸。

六、送礼物时附带着祝福语，效果会更好

给老师送礼物的时候，要记得写上几句祝福和感恩的话语，这会让你的礼物变得更有意义，老师会更感动。发自内心的几句话，有时候还会弥补礼物上的缺陷，让老师感受到你的尊敬和爱戴，这才是最重要的。

祝福的话语不是几句感谢那么简单，要显示出对老师的尊敬和感恩。

表达祝福时不要姿态扭捏、吞吞吐吐，要大大方方地告诉老师："老师您辛苦了，很感激您为我们所做的一切。"如果实在觉得当面表达有困难的话，可以把祝福的话语写进贺卡里。

有的时候，为说明自己的心意，可以说"这是我特意挑选的""我觉得老师肯定会喜欢的"，但千万不要说"我刚在路边随便买的，您收下吧""也不是啥好东西，您不一定会喜欢""您凑合着用吧"这类的话，即使是不想给老师压力而说的话，也会使你的礼物和心意大打折扣。

七、送老师礼物的参考

· 鲜花

教师是人类灵魂的工程师。他们传播知识，播种希望，培育幸福。给老师送上一束美丽的鲜花，可以表达自己真挚的感恩之情。送老师的花可以参考送母亲的花，康乃馨、百合都是不错的选择。

· 送贺卡或者写一封信

直抒心意，精心挑选一张卡片或者几张漂亮的信纸，把你的祝福和感激之语写下来。可以当面送给老师，也可以加在鲜花里，悄悄地放到老师的办公桌上，给他／她一份惊喜。

· 工艺蜡烛

"春蚕到死丝方尽，蜡炬成灰泪始干。"这句诗一直被用来形容教师这个职业。送老师一个工艺蜡烛吧，表达对老师照亮别人，无私奉献精神的崇敬。工艺蜡烛种类繁多，可以选择一款适合老师性格与气质的香薰蜡烛当作礼物，既美观大方又经济实用。

· 护肤品

老师整日站在讲台上传道解惑，难免受粉尘侵扰皮肤。无论是男老师还是女老师，送一款护肤品给他／她都是可以的，新颖实用，也能表示心意。

· 图书、杂志

给老师送书，既体面又有文化，也不用担心会被拒绝。大多数的老师都是喜欢看书的，可以送他们经典名著、工具书。还可以送老师图书券，让老师们挑选自己喜欢的图书，这样可以避免你送的书不合老师喜好的尴尬。

也可以了解一下老师通常喜欢看哪些刊物，给他／她订一份年刊，这样的礼物既实用又持久。如果是每月发行的话，就相当于你一年送了12 次礼物，老师每次收到杂志都会记起你。

· 钢笔

虽然现在是电脑办公的时代，但是一支好的钢笔仍是必不可少的，毕竟使用方便且高频。钢笔还是知识和文化的象征，挑选一支经典品牌和款式的钢笔送给老师，一定是不会出错的选择。

· **甜点**

这是一个性价比很高的礼物，适合送给女性教师。这些小甜点看上去精致，吃下去暖心，尤其会让女老师十分喜欢和感动。关于甜点，可以去商场挑选购买，也可以自己制作。不管选择哪种途径，都要有一个精致的包装。送甜点最重要的是小而精，让老师记在心中，不必大包小包一大堆一起送，那样味道就全变了。

除此之外，送教师的礼物还有很多，比如让老师课后放松的音乐CD、精致的办公桌摆台装饰品、古朴的花瓶、精致的笔筒等。只要你有一份真挚的感情，稍加用心，肯定能挑选出一件让老师满意的礼物。

八、送花有讲究

适合送老师的花有很多，不同的花有不同的寓意，如果你想让送出去的花能够更准确地表达祝福，最好事先了解一下每种花的寓意。

康乃馨：表示师恩似海，永生难忘。

兰花：兰花被称为"花中君子"，表示老师品质高洁、德高望重。

百合：象征老师品质纯洁、高尚。

一品红：表示给老师平凡而真挚的祝福。

山茶花：象征着朴素、坚强、执着。

梅花：象征坚贞不移、品节高尚。

郁金香：象征着神圣、永恒的祝福。

菊花：象征老师高洁的品格、质朴、平易近人。

向日葵：象征着老师像太阳一样伟大，表达对老师崇高的敬意。

红叶李：寓意老师德高望重、桃李满天下。

杏花：表示铭记师恩。（当年孔子曾在"杏坛"讲学，杏坛便成了教育界的代名词。）

满天星：可以单独送，也可以搭配在别的花中一起送，寓意老师育人无数、成果累累。

除此之外，还有一些花能够表达对老师传道解惑、教书育人的敬意，对老师辛苦培养的感激和对老师德高望重、高尚品格的敬仰。比如玫瑰、鹤望兰、文竹、花毛茛、马蹄莲、鸢尾花等。同样，送花的时候要注意仔细包装，力求精美，也可以配一个美观大方的花瓶一起赠送，这样即使鲜花枯萎了，花瓶也会保存下来，继续传达你的祝福。

九、家长如何表达对老师的感谢

每当到了节日和孩子开学、升学的时候，一些家长便会给孩子的老师送礼。有的是感谢老师对孩子的辛勤培养，还有一些纯属跟风，觉得别人都送了，自己不送会影响老师对自己孩子的看法。这些想法大错特错了。

其实给老师送件礼物本无可厚非，毕竟老师是真为孩子们操心。但是，在礼物的选择上要注意，最好不要送太贵重的。一是免得别人怀疑你的动机，二是免得有人背后说老师和孩子的闲话。送一些精致实用的小东西即可，比如水杯、润喉茶、钢笔之类的。这些礼物既代表了你的心意，又不太贵重，也不会给老师造成困扰。

给老师送礼物主要是让老师觉得你感激他们的辛苦，并不是为了使其多照顾自己孩子。送老师东西不要与他人互相攀比，要让这份小礼品成为家长和老师之间沟通的润滑剂，不要成为彼此的负担才好。

十、给退休的老师送什么礼物

已经退休的和将要退休的老师在精神上都会有矛盾的感觉，一是忙碌多年，终于可以好好休息一下了；二是告别讲台，突然闲下来以后内心反而空落。因此，我们给这类老师的礼物要着重照顾到精神层面，让他们能够享受生活，不觉空虚。可以送他们一个鱼缸、几条金鱼，几个雅致的盆景，一身运动装、一把剑，或者小狗小猫之类的小宠物都可以。总之，让他们能有所消遣，生活充实就好。

第二节　送同学：礼物是纪念青春的媒介

恰同学少年，朝夕相处、共同学习，此种情谊最为单纯、最为珍贵。

学生时期建立的深厚友情往往会陪伴人们一生。随着时光的流逝，这种情感会变得越来越真挚。同窗数载终有期，毕业那一刻，面对分离，大家留恋、惋惜。此时更需要给珍视的朋友准备一份能表达内心情感的礼物。

彼此赠送礼物是情感的表达。那同学之间应该送什么样的礼品才合适呢？

一、礼品不宜贵重，重在传情（建议选择文化类礼品）

同学之间的情谊，都是在一起的学习和生活中建立起来的，彼此间熟悉爱好和性情。礼物不但能拉近了你们之间的距离，还能将你的友好、善意、传达给对方。

同学之间送礼无须过多、过重，只要是能回味的东西都值得，哪怕是从学校门口卖玩偶的爷爷那里买的小玩具，都是可以的。选择那些能表达情谊的文化类礼品即可，或送一些实用的礼物，这里简单介绍一些：

精美的钢笔——不但实用，而且还有纪念意义。这是同学之间最常互赠的礼物。

多用途记事本——可以记日记、笔记，还可以当作会议笔记本。

护眼台灯——最好可以调节灯光的亮度，这是很实用的礼物。

工具书——像地图册、字典、百科全书、法规汇编等，它们会在不同的场合发挥用处。

小书架——自己的书刊、玩具可以放置在上面。

参考书或学科资料——送给同学学习的好帮手。

书签——不但为书增彩，还可作为收藏之物来留念。

可擦拭的留言板——方便给室友留言，适合挂在寝室的门上，非常实用。

精致的闹钟——要是收到这样的礼物，就不用担心上课会迟到。

懒人椅或座椅靠垫——适合休闲阅读的礼品。

置物箱——适合在窄小的空间中使用，可将物品分类装箱。

已标示好重要日期的年历——方便同学查阅重要的日子，是实用、美观、考虑周到的礼物。

二、要有纪念性

人的一生，总在不断地告别。每天都见面的同学，忽而就要分别；几乎天天腻在一起的伙伴，也即将分散四方，各奔前程。许多年后，同学毕业相赠的礼物依然保存着，是一件很有纪念意义的事情。在成长的过程中，同学之间有很多值得纪念的瞬间。当你生病的时候，父母不在身边，同学送来的磁带和书籍值得珍藏；第一次拿到奖学金，同学的祝贺礼物值得留念；大学时代初恋男友送来的一只音乐盒，保留着人生最初的朦胧恋情。这些礼物替我们保留着珍贵的青春记忆。

那如何准备有纪念意义的礼物呢？比如，可以设计一套文化衫在聚会那天穿，聚会之后收藏当作纪念；或用关系亲密的几个同学的合影，定制一套水杯，表示你们的友谊会持续一辈子。这样的礼物经济实惠且

富有意义。更重要的是符合对方的爱好。具有纪念性的礼物很多，简单
介绍如下：

毕业纪念册——这是毕业生之间互相交换的礼物。

刻有名字以留念的钢笔——这是十分常见的礼物。

种一棵友谊树——较为传统的方式，在获得准许后种在校园里。

本校纪念品——上面印有校徽、校名的 T 恤、运动衫、水杯或一些
文创产品等等。

四年大学生活的视频剪辑——记录四年的成长时光，作为毕业礼物
相送，更显诚心。

三、体现对同学的鼓励

在同学生日、圣诞节、新年或任何你自认为特殊的日子，一张贺卡、
一束鲜花，都可以是传递内心美好祝愿的礼物。尤其在学生时期，很流
行在各个节日互赠礼物，表达对彼此美好的祝愿。同学送的礼物，表示
他对你的鼓励，鼓励你克服弱点、战胜困难。

贺卡——最好是自制的卡片，在上面写满你祝愿的话语。

一束鲜花——鲜花本身就是无言的祝福。

四、考虑对方的兴趣爱好

送什么礼物其实并不重要，重要的是把送礼物的心意传达出去。所

以，在赠送同学礼物时，应该根据他的兴趣爱好，可具体到某事物的颜色、式样等，结合他的现状，再确定他可能会喜欢什么、需要什么。这样，你送给他喜欢的东西，会很合他的心意。如果同学注重仪表，你可以考虑送些精致的小饰品；如果同学喜欢音乐，可以考虑约他／她一起去看一场演唱会或听一场音乐会；要是同学喜欢球类比赛，你可以送他一场球类比赛的门票。总之，挑选礼物要根据对方的兴趣而定。

五、男女同学赠礼的差异

同学之间互赠礼物讲究的是心意和情谊，因此不必在乎礼物是不是贵重，很多生活中的日常用品也可作为同学之间互赠的礼物。

如果你送给女同学礼物，可以根据自己对她的了解加以取舍，比如她是哪一类型的女生，平时有什么爱好。

如果是很文静的女生，可以送一些好看的书，或者有个性的文创产品、树叶制作的精美书签。

如果是比较单纯的女生，可以送一些水晶饰品或是小首饰。

如果是可爱型的女生，送可爱的卡通娃娃或当下流行的盲盒潮玩是不错的主意，再加上一张亲手制作的贺卡会锦上添花。

如果你的这份礼物是送给男同学的，那就更很好办了。

如果是有才气的男同学，可以送给他一本书或一支钢笔；如果是喜欢体育运动的男生，可以送一个篮球或他喜欢的球类作为礼物……

六、书永远是一份好礼物

书是同学之间赠送礼物时最好不过的选择，尤其是在学生时代，正处于爱读书的大好年纪。可以送同学喜欢的图书的精装版。这份礼物不仅是一本他钟爱的图书，更承载了充满激情与梦想的年少时光，保留了青春的记忆。

第三节　送同事：实用的礼物备受偏爱

工作已经成为大多数人主要的生活内容，占去了人们大部分的时间。工作时间内我们大多得与同事相处，工作上也需要同事间的合作、互相理解和支持。因此，和同事建立感情，拉近关系显得格外重要。可以在一些传统节日或者同事生日、结婚的时候送上一份小礼物，表达自己对他的祝福，送同事的礼物要注意以下几个方面。

一、精巧

送同事的礼物要适合办公室的工作环境和气氛，不适合送一些体积过大的礼物。这样的礼物一是无处安放，二是不好搬运。就比如你送了同事一个大花篮，这个花篮要怎么处理呢？摆放在办公桌上既占地方，又显得有些招摇，扔掉也不合适，显得无礼。为避免这种尴尬，送同事的礼物要小巧精致：一个可以摆放在办公桌上的工艺品、一盆漂亮且容易打理的绿植、一台设计精美的日历、一支专用的签字笔等。

另外，送同事的礼物不要太随意。可能时间长了，你与同事的相处模式很随意，但是你的礼物一定不能随意。比如，你工作上的客户送了一些台历之类的纪念品给你，上面印着对方公司的标志，如果你直接把它转赠给同事那就太随意了，这样的礼物甚至不能称之为礼物。礼物虽然不一定要多珍贵，但是一定要让对方感受到你是特意为他精心挑选的。如果是同时送几个同事的话，最好挑不同的礼物，更显心意，但是要注意每份礼物的价值要相近，免得引来尴尬。

二、实用

一般来说，送同事的礼物应以实用为主。这个实用可以是在工作方面，也可以是在生活方面。比如，钢笔、签字笔、笔记本等办公用品，工艺品、桌历、相框、小盆的绿色植物盆景等可以创造温馨的工作环境的小物件。

生活方面的实用礼物：如果同事经常出差，可以挑选一个大小合适、使用方便的旅行箱；如果同事喜欢喝咖啡或者饮茶，可以选择咖啡杯、咖啡机，或者是一套茶具、一包茶叶；如果同事经常熬夜，也可以送一些解除疲劳、补充营养的食品。

总之，要让自己的礼物被同事看得见、摸得着、用得上，这样有利于你们之间关系的长期发展。相反，一些不实用的礼物会让对方有一种"鸡肋"的感觉，一般拿回家就束之高阁了。

三、体现赞同与鼓励

就像送给父母的礼物要体现出感恩，送给老师的礼物要体现出尊敬，送给孩子的礼物要体现出关心一样，送给同事的礼物也有一个主题，那就是赞同和鼓励。

工作中，同事间需要相互鼓励。如果对方取得了一些成绩或者有了重大的进步，我们应该送上一份小礼物，表示对他的祝贺和敬佩。如果同事工作不在状态，或是出了什么差错受到上级的批评，可以先请他出来吃个饭、唱个歌，放松一下心情，走出低落的状态，再送上一份励志的小礼物，比如有激励、加油意味的玩偶、小工艺品、办公桌创意摆件等，鼓励同事克服困难，重回状态。

四、若非关系极好，不要单独赠送贵重的礼物

给同事送礼物不宜太贵重，一是没有必要，再就是免得让他人尴尬，老是觉得欠别人一个人情，何况这个人还是整日面对的同事。相信这种感觉谁都不喜欢。同事还可能会找机会回赠你一份礼物，也可以说是"还"你一份相近价值的礼物。如此一来，赠送礼物的意味就全变了。再者，你送同事贵重礼品，会让那些送一般价位礼物的同事显得难堪。

那是不是就不能给同事赠送贵重的礼物呢？当然也有特殊情况。如果你们的关系不仅是同事，更是好朋友，甚至还是莫逆之交，那在自己的经济承受范围内，送多贵重的礼物都没有关系，不过这样的礼物最好在私下里送，不宜在公司张扬。

还有一种情况就是大家一起送，比如一个同事要过生日或者要结婚，或者孩子满月，可以联合其他同事一起买一份大礼送上。这样的礼物虽然贵重，但因为带有集体性质，同事会减轻顾虑，很高兴地收下。

五、送给同事的礼物参考

上面是一些给同事赠送礼物的原则和注意事项，能满足条件的礼物还是很多的。下面是一些参考，供大家选择。

笔记本、便签本——对于打工人来说，这是很实用的礼物。

钢笔、签字笔——最好买老品牌的经典款式，经久耐用。

笔筒——实用性与装饰性兼备的礼物。

文件夹、文件袋——送经常携带文件上下班的，或者经常出差的同事。

鼠标、鼠标垫——注重质量与外观，尽量选精致美观、质量好的。

名片盒——送给交际多、应酬多的同事。

台历——送设计精巧、美观大方的。

定制相框——要精巧可爱，可以附上同事喜欢的电影或动漫照片。

盆栽——既能装扮办公桌，又能给生活增添一点活力。

工艺品、玩偶——大小要适合摆放在桌子上。

书籍——经济类、励志类图书为佳。

咖啡壶、咖啡杯——送给喜欢喝咖啡的同事，杯子要有特色。

香水——根据对方的喜好选择味道和品牌。

网球拍、高尔夫球具——也可以是其他体育用品，根据对方兴趣而定。

音乐唱片——缓解工作压力，陶冶情操。

一盒巧克力——味道甜美，包装精致，同事肯定会喜欢。

一顿大餐——午餐、晚餐都可以，加深感情。

电影票——一起看一场电影，放松心情。

音乐会、戏剧、歌剧门票——最好多送几张，让同事跟家人或朋友一起观看。

打火机——打火机开合声音清脆、质感好，如果同事有抽烟的习惯，可以考虑送给他。

竹制品——竹子寓意着节节高升，适合送给升职的同事。

钱包——送一款精致的钱包，祝愿对方"钱"程似锦。

帆船模型——祝愿对方生活、工作一帆风顺，适合送升职的同事。

第四节　送客户：体面必不可少

根据美国的一项数据调查，商务礼品的盛行，主要原因有两个：通过礼品表示对对方的赞赏（占61%）；通过良好的祝愿，希望发展业务关系（占54%）。越来越多的公司认识到，给客户送礼物，不仅是在给自己的公司做广告，扩大影响，也是与客户交流的一种有效方式。

一、根据客户的类型选择礼物

赠送给客户的礼物，最重要的是要让客户明白你对他的诚意和重视，既要表达诚意，又不能让对方觉得尴尬和为难。不同类型的客户有不同的需求，根据客户的类型选择礼物，可以达到事半功倍的效果。一位知名的营销经理按照客户对待礼物的心态，把客户分为以下两种类型：

· 好面子型

这类客户觉得有人给他赠送礼物，会让他在家人、朋友面前特有面子。他们更注重物质层面和礼物的物质价值，认为礼物就要光鲜体面，体现出与他的付出成正比例的物质价值。因此，送这种类型的客户的礼物要有一定的档次和品位。

· 图实惠型

这类客户是实用主义者，他们希望你送他的礼物正好是他需要的，甚至正好是他准备要买的。因此，要想满足这类客户的需求，就要在日常交往中处处留意，以便及时了解他们需要什么。给这类客户送礼物的好处是他们对礼物没有特别的讲究，只要满足需要就可以了。

二、适合送客户的礼物

送实用性礼物，最主要的是要了解客户的爱好、性格，投其所好，使客户乐于接受。这类礼物有手表、钱包、香水、领带、领带夹、紫砂壶、名酒等。

· 运动保健型礼物

运动保健型礼物同样可以送给客户。高雅有品位而又实用的礼物有茶枕、茶叶、红酒、丝织产品等；运动类的装备、器械也可以列为备选，健康而实用的礼物肯定会受到客户的欢迎。

· **摆设型礼物**

虽然摆设型礼物看似实用价值不大，但能给办公室、屋宇增添一抹亮色就够了。这类礼物有花瓶、墙画、地球仪、骨瓷摆件、创意雕塑、潮牌玩偶等。

· **奢侈型礼物**

送奢侈型礼物要谨慎选择，瞅准时机，送早送晚都不合适。一般而言，在双方业务即将谈成的关键时刻，送这类礼物最合适。

这类礼物有手表、酒水、高定礼盒等。但要切记，在送这类礼物之前，一定要摸清楚客户的"底细"，否则可能引起麻烦和误会。

三、选择最佳时机和场合

不同的时机送礼，给客户的印象和感觉是不同的。因此，送礼的时机非常重要。一般来说，大多数公司都会选择在元旦、春节、端午节、劳动节、中秋、国庆节或者圣诞节给客户送礼，有时也选择在公司成立纪念日、客户生日时赠送礼物。

如果是给个人客户送礼，除了元旦、春节、圣诞节等节假日，还可以选择在客户生日、升职、结婚或生小孩等时机送礼。

但也有人选择在平常的日子送礼，节日期间送礼的人太多，自己的礼物可能突显不出来，不能给客户留下深刻的印象，也会使送礼的效果大打折扣。相反，避开送礼"旺季"，选在平常的日子送礼，即使礼物本身不很突出，却因为时机的原因能在客户心里留下深刻的印象。

关于赠送礼物的场合，有些公司习惯在展销会或订货会时，当面把礼物送给客户。有家公司的公关负责人曾说："我们一般会在客户参观我们的工厂时，当场送给他们与生产线相关的礼物。这样做的话，客户可能在日后看到礼物时，能回想起他参观工厂的情景。这对我们的产品也是一种很好的宣传。"

送礼的场合非常重要的，应该根据礼物的性质、用途等方面选择不同的送礼场合。如果不注意送礼的场合，把本该送到家里的礼物送到了办公室，很可能造成别人的误解。

除了在展销会、促销日和订货会上当场给客户送礼外，还可以参考以下方式给客户送礼：

（1）如果是可以在办公室送的礼物，就直接送到客户的公司去；

（2）约见客户时顺便送上礼物；

（3）交给秘书或公关人员代送，但要注意包装严密、精美；

（4）如果自己不方便直接送给客户，也可以请与客户关系密切的人代送。

总之，送礼的场合和方式没有标准的参照物，但要遵循"让客户收得方便、收得开心"的原则。

四、礼物要具有"专一性"

给客户送礼的目的决定礼物的档次和赠送的时机。因此，要有明

确的送礼目的，之后才能确定送礼的对象，进而才可以做到根据客户
的兴趣、爱好和实际情况等选择相应的礼物。挑选具有个性的礼物，
有助于更好地表达心意和体现用心。

五、抓住客户的心理

送礼的时候，不能只考虑礼物是否实用、成本是否过高，还要考虑
所送的礼物能不能贴合客户的心意。在选择礼物时，要跳出送礼者的主
观思维，站在客户的立场上体会他的心理，选择让客户感兴趣的礼物。

另外，要博得客户的欢心，也可以在礼物的包装上下些功夫。不是
昂贵的礼物才能吸引客户，关键在于是否送到了客户的心坎上。有时候，
只是一张手写的卡片，就能让客户感受到你的诚意，从而愉快地接受这
份礼物。

抓住客户的心理送礼，让客户知道他对你十分重要，希望他能记住
你，才能达到"礼轻情意重"的最佳效果。否则，不仅达不到送礼物的效果，
还可能让客户产生"你在贿赂我"和"羊毛出在羊身上"的顾虑和反感。

第五节　送产妇：考虑周全，避免冒昧

一、不冒昧探望产妇

先祝福，后探望，是为了避免冒昧打扰产妇和新生婴儿。小孩出生后，新生儿和产妇的身体都比较虚弱，这种时候他们需要好好休养，不方便接待客人。冒昧地上门探望反而是一种失礼的行为。因此，最好事先向产妇的家人表示祝贺，过一段时间后再询问是否方便登门看望。

二、送营养品或补品

孕妇产后身体比较虚弱，可以送她一些进补的营养品或补品。比如给她做一份营养丰富的羹汤：鸽子汤、鸡蛋汤、鸭汤、鱼汤，这些都是对身体很有好处的。

除此之外，还可以送产妇牛奶、鱼虾（需事先询问是否过敏）、水果、核桃、蜂蜜、蜂王浆等补充营养的食物。红枣、栗子、桂圆等寓意美好的食物也是不错的选择，既送去了礼物，又送去了祝福。

三、送实用的礼物

给产妇送礼需要好好考虑，既要讲究实惠好用，又要讲究安全可靠。满足这些要求的参考礼物有纯棉织品的衣物、方便产妇活动的宽松的休闲服、舒适的哺乳垫等。但要注意的是，如果选择送产妇服装，要注意下穿衣季节，最好不要跨季。

四、送婴儿用品

给产妇送礼的时候，要记得关心一下她刚出生的婴儿，可以送一些婴儿用品，比如婴儿服、婴儿玩具等。

也可以给产妇送一些育儿方面的书，这可能是她们最急需的。此外，还可以送一些关于指导产妇恢复身体、恢复身材的书。

五、红包

近几年又流行给产妇送红包，这种方式既实惠又方便，有很多好处。

第四章

场景盘点：必不可少的礼物

🎁 第一节　一些节日礼物

古今中外，节日名目繁多，对于中国人来说，很多其他国家的节日我们也在参与的。以下几个节日，很容易被我们忽视。

一、元旦和春节

近百年来，公元纪年在中国已经取代了农历的正统地位，所以元旦也成了中国的传统节日。在这个节日里，礼物多为挂历、台历、贺卡、效率手册等可以用一年的东西。

春节，这个节日最适合的礼品，与元旦相比，要更家庭化、人情化。元旦礼品工作方面的意义更强，而春节礼品则更强调"喜气洋洋""其乐融融"的感觉。水果、特产、烟酒等食物类礼品是比较适合的，这几年，高档日用品、工艺品等较为贵重的礼物越来越普遍。到底送哪一种合适，要根据相互关系决定。

二、小年

小年也被称为祭灶节、灶王节。据说这一天，灶王爷要上天向玉皇大帝报告这一家人的善恶，让玉皇大帝赏罚。所以，在祭灶时，要把关东糖用火融化，涂在灶王爷塑像的嘴上，这样他就不会在玉帝面前说坏话了。现在大部分人已经忘了这些典故，只知道这一天叫作小年，从这天起，就完全进入过年的阶段，精神上开始彻底放松。

此外，还有传统的元宵节、妇女节、劳动节、端午节等。

三、教师节

教师节最常见的礼品是贺卡，加自己写的祝福语。还有就是鲜花。

第二节　生日礼物

最令人回味的生日礼物，是让人觉得自己独一无二的礼物，让人觉得自己在他人心目中是真正特殊的、出众的。

生日是真正属于某一个人的日子，它不像传统节日那样属于人家或者某一类人，而是作为某人生命的开始受到亲朋好友的重视，被大家纪念。

这个时候也是送礼的好时机，送上一份精美、有寓意的礼物，可以成为对方一份美好的回忆。

一、制作一个生日表

为了不忘记他人的生日，可以制作一个生日表。为了便于保存，宜选择电子备忘录或者一个质量好的本子，以便每年都可以使用。在生日表上，除了标明生日之外，最好能够记录对方的一些情况，包括爱好、特长、某些需要注意的禁忌、往年送过什么礼物等。

为了使生日表切实起到作用，可以在每年之初，将生日表上的信息输入到你的手机备忘录里。这样，只要到了那一天，当你翻开效率手册，就会看到这个提示，就不会忘记给好朋友送礼物。你想想，如果受礼者自己都忘记了生日，而你却给了他一个意外的惊喜，那该是多么美好的事情呀！

二、因人而异：不同的对象送不同的生日礼物

选生日礼物说难也不难，说简单又不简单。因为无论谁过生日，你都可以订一个蛋糕，买一束鲜花，保证不会偏题。但是这样的礼物千篇一律，缺乏新意，很快便会淹没在别人的礼物当中。第二天主人面对着八个蛋糕的时候，不会记得哪个是你送的。

一份好的生日礼物要因人而异，突出个性，才会被别人记住。首先

搞清楚过生日的人和你是什么关系，是亲朋好友还是一般关系，是恋人还是普通的异性朋友，根据不同的关系选择不同的礼物。一般来说，送关系亲密的人注重体现对对方的关怀，可以结合对方的兴趣，送一些实用的东西。送关系一般或者刚结识的人的生日礼物则要体现出你对对方的尊敬，送礼时要注意细节，因为此时礼物便是你的"代言人"。

年龄也是需要注意的一个问题。同样是买蛋糕，给6岁的小孩买和给60岁的长辈买是有区别的。小孩的蛋糕上面可以加一些卡通的造型，写"健康快乐"之类的祝福语；老人的蛋糕则可以加一些松柏、寿桃之类的造型，写"福如东海，寿比南山"之类的祝福语。

一般来说，送老人渔具、盆景、字画，送孩子最新流行的漫画、玩具、字典、几尾金鱼，送父母保暖衣物、滋补品，送恋人珠宝首饰、浪漫旅行，送朋友、同事雅致的咖啡杯、个性的相框、装点办公桌的小盆景等都是不错的选择。

三、因时而宜：择机送礼

时代、季节也是选择生日礼物时要考虑的因素。在古代，中国人对于祝寿有很多讲究。比如，给长辈祝寿送礼的时候往往要写礼帖。开头称谓、礼品清单、落款的写法都有特定格式。时过境迁，虽然现在的人们不再讲究这一套，但是对于那些年龄很大的长辈我们不妨复古一下：用以前的格式写一份礼帖，可以用繁体字。既显得自己有礼，又能博老人家一笑。而对于时下年轻、时髦的年轻人来说，最流行的就是他们最喜欢的。

每一个月份、季节都被人们赋予了不同的含义。在中国，12个月份都有各自相应的具有代表性的诞生花：

1月水仙，2月梅花，3月桃花，4月牡丹，5月芍药，6月玫瑰，7月荷花，8月凤仙，9月桂花，10月芙蓉，11月菊花，12月茶花。

在西方，人们给每个月都匹配了一种宝石，并在亲朋好友生日那天送上。如果想送别人一份别出心裁的西式礼物的话可以借鉴一下。

1月：石榴石。它象征着忠实和贞操，这种宝石还传达着对处于困境中的朋友的鼓励和信赖。2月：紫晶石。它象征着诚实、善良，是送暗恋对象最好的选择。3月：蓝宝石或珊瑚。它象征沉着、勇敢、坚强。4月：钻石。它坚硬无比、纯洁透明，是爱的象征，无论是送恋人还是送父母都会让人感到幸福。5月：翡翠。它象征着快乐、幸福和幸运，这样的礼物还有使人智慧无穷、升官发财的寓意。6月：珍珠。它象征纯洁、谦虚、高贵，送恋人和长辈中的女性都是不错的选择。7月：红宝石。它象征热情、活泼，可送给热恋中的情人和热情奔放的朋友。8月：橄榄石或红玛瑙。这类珍贵的宝石都象征着财富、地位、身份。9月：蓝宝石。它象征慈爱、坚贞、德高望重，又被称为"命运之石"，寓意能给人带来好运。10月：蛋白石。这种绚丽的宝石寓意着无忧无虑，生活中充满欢乐。11月：黄玉。淡淡的黄色会让人在寒冷的冬季感觉到温暖，这种象征着开朗、慷慨的宝石会给人带来友情和爱情。12月：松石。它象征着勇于进取、不放弃、成功和荣誉，适合送给成功人士。

四、量力而行：不要铺张，重在心意

生日送礼应该是送的人开心，收的人也开心，双方皆大欢喜。自己制作礼物，既有个性，又能体现你的用心。千万不要让送礼成为一种负担，这样就失去了送礼的美好初衷。如果送勤俭节约的父母和长辈，那就更不得铺张浪费，不然他们面对这件礼物不是面露喜色，而是惊愕、心疼，这就事与愿违了。有时候一件贴心、实用的小礼品，就会让对方感动。在父母生日的时候，远在外地的你，一个电话就会让父母感到温馨。

五、创意礼物

独一无二的礼物会给人留下深刻的印象，也最能体现送礼人的诚意。这个时候就需要开启你的大脑想一个好的创意，创意和心意加到一块，礼物肯定会与众不同，让人过目不忘。

所谓创意礼物不是需要你发明一个新的事物，而是最好选一个令人意想不到的礼物。比如之前流行的生日报。所谓的生日报就是对方出生那天发行的报纸，很有纪念意义。试想一下，老人从礼品盒中拿出一份泛黄的报纸，上面记载着自己出生当日的国家大事、世界局势以及天气预报，老人肯定会很受感动。当年中国申奥成功的时候，申奥功臣何振梁就收到了一份来自奥委会的生日礼品——何振梁出生当日的英国报纸《泰晤士报》。这份如此特别的礼物让他感动不已。现在网络上有很多生日报专营店，保存着各种各个时期的报纸，供有心人挑选。与生日报纸相类似，如果某人在过生日那天收到了一瓶自己出生那年的红酒，肯定感觉很特别。一些人会在孩子出生那一年买下很多酒，储存起来，以备多年以后各种需要庆祝的场合用。

第三节　婚嫁礼物

结婚是人生中的一件大事，无论是朋友、同学，还是领导、同事都可以送上一份礼物表示祝贺。结婚送礼金肯定是少不了的，但是如果你和新人关系亲密，想进一步表达自己的祝福，或者你想借机拉近双方关系的话，就应该考虑在礼金之外再挑选一份合适的礼物。

一、实用的礼物

通常给新人送一些实用性的礼物是比较受欢迎的。虽然可能都是很普通的日常用品，但是在这个特殊的时刻，寓意着给对方的美好祝愿。

这类礼品主要有厨具、餐具、茶具、家具、电器、床上用品等。实用的礼物并不意味着单调、缺少个性。你可以根据新人的个人喜好和品味挑选礼物。比如，如果新娘厨艺高超，就可以送一套精致的厨具；如果新郎是一位音乐爱好者，就送他一套音质较好的音响。此外，电饭煲、落地灯、梳妆镜等都可以列为备选礼物。

二、有纪念意义的礼物

我们可以给新人送一些纪念性的礼物，来纪念这个幸福的日子。

纪念性的礼物有很多，既然是结婚送礼，就应该以婚姻、幸福为主题。无论是工艺品还是装饰品，只要是符合主题都可以送。可以送新人一对情侣玩偶，毛绒的、陶瓷的都可以；还可以送水晶制品，水晶象征着纯洁和永恒，水晶花瓶、水晶摆件都不错。

实用的礼物，也是可以有纪念意义的。如果你有新郎、新娘的照片，可以用照片定制专属的礼物送给他们，如果是小时候的照片，那纪念意义就增强了很多，更显珍贵。

三、礼物最好成双成对

中国人送结婚礼物，更注重成双成对，因为在中国的传统中，双数比单数吉祥。

送玩偶的时候注意选一眼就能区分出性别的。无论是送枕头、梳子，还是送碗筷都要注意成双成对，不能有单数。有的礼物还可以送一金一银。

四、包装红红火火图吉利

中国人凡事喜欢图吉利，婚姻大事更不例外。礼物不但要成双成对，还要红红火火。在中国人眼中红色代表着喜庆、吉祥。床单、被罩、枕套等可以全部是红色的。礼品的包装盒是给人的第一印象，热烈喜庆的包装会让新人在打开礼品之前就喜欢上它。

五、事先了解新人想要什么

在国外，人们送新人礼物前会先问一下对方需要什么。新人也会大方说明自己的需求。而在中国，这种方式似乎不常见。按照传统，中国人会觉得无论别人送什么都是好的，都应该感谢，不太可能向对方表明自己需要什么。难道新人就真的不在乎收到的是什么吗？当他们面对着十几套茶具或者十几套款式一样的餐具的时候，可能只能苦笑了。

你也想让自己的礼物成为其中之一吗？如果不想的话，还是设法搞一张新人所需物品的详情单吧。如果你与新人的关系比较密切，可以去问他需要什么。如果你们关系一般的话，就不建议去问新人了，因为你得到的答案不外乎就是"到时候你能来我们就很高兴了""不用买什么礼物"之类的。这个时候你需要从新人的亲戚、朋友那里获取信息，了解对方的需求。

有时，实在打探不出对方还缺什么，就要了解一下对方的品味和爱好了，即使是送传统的礼物，也要让自己的那份受欢迎。比如，并不是每位女士都喜欢玻璃制品，如果对方更喜欢陶瓷制品的话，你就送一套陶瓷的餐具或者厨具。这样，对方可能在十套餐具中最喜欢你这一套，对你印象深刻。

六、结婚送花有讲究

送鲜花可能是表达感情最贴切的方式，因为鲜花色泽艳丽、香味浓郁、寓意多多。它能传达出你想表达的任何一种感情。参加婚礼的时候，给新人带束鲜花是一个不错的选择，喜庆吉祥的鲜花正适合这种场合。

一束鲜花可以当成正式礼物的一个引子，可以把正式礼物留到筵席结束后再送，把鲜花当成是一个"见面礼"，到达婚礼现场之后，当面送给新人。适合婚礼的花有好多，下面就是一些参考：

百合花——寓意百年好合。

月季花——寓意爱情甜蜜、永久不衰。

郁金香——寓意相亲相爱。

石竹——寓意幸福美满。

文竹——寓意婚姻幸福美满、爱情天长地久。

天竺葵藤——寓意相依相偎、相伴一生。

合欢花——寓意夫妻和睦、白头到老。

万年青——寓意爱情之树、幸福之树长青。

鸢尾花——寓意心心相印、心有灵犀。

水仙——寓意终生相依、坚贞不渝。

马蹄莲——寓意永结同心、幸福美满。

石榴盆景—— 寓意早生贵子。

芙蓉、桂花—— 寓意夫荣妻贵。

蔷薇—— 寓意婚姻美满、幸福吉祥。

并蒂莲—— 寓意幸福美满、白头偕老。

七、朋友结婚送什么礼物

好朋友告别单身生活走进婚姻殿堂,我们应该为他/她们感到高兴。昔日里玩耍打闹的朋友,现在要转化角色,成为一个丈夫或者妻子,接下去还要成为一个父亲或者母亲。作为好朋友,送上祝福是必不可少的。

首先,我们应该在语言上表达祝福,一场热热闹闹的婚礼背后是一个人社会角色的转变,肩上的责任在加重。我们应该真心地祝福对方,告诉他/她:你一定能承担起更多的责任,你一定会是一个好丈夫/好妻子。

其次,一个大大的红包必不可少。虽然朋友间不在乎礼品轻重,但是我们的传统中,送红包是祝福的直接体现。你的红包不会让对方有不适感,因为是好朋友,对方不会感到有功利在里面。朋友可能会在日后找机会还礼,我们也要不推辞地接受。这不是繁文缛节,而是朋友间的礼尚往来。

最后,就是挑选一份合适的礼品了。你们是知根知底的好朋友,你知道对方的喜好、兴趣。你们关系密切,可以毫无顾忌地直接问朋友有什么需要的东西。这样的话，相信你为朋友选出一件适合的礼品是一件很容易的事情。

八、给参加婚礼者送礼

特地抽时间赶来参加婚礼的客人，理应得到特殊的回赠，以示纪念。

男女傧相，也应得到带有纪念意义的小礼品。比如，精致的袖扣、钥匙包、镜框、小手镯等。一份精心准备的伴手礼，代表新人对宾客的感谢。中国式人情，在这种礼尚往来的模式下，尽显无疑，生生不息。

第四节　会议、展览礼物

会议礼物一般是参会人员最先接触的媒介，往往影响参会人员对会议的第一印象，甚至会对会议评价效果产生重要影响。因而，赠、收会议礼物也成为会议组织者与参会人员交流信息与沟通情感的一个有效手段。恰当地为参会人员挑选礼物，也成了扩大会议影响的一个重要因素。挑选会议礼物时需要注意的几点。

一、选择有纪念意义的礼物

会议礼物上最好带有强调会议主题的信息,比如会议名称、时间和主办单位的标志等,通过形象的标识让消费者记住公司的主营内容和品牌文化,以起到宣传和推广作用。

不过,要想让礼物在体现会议主题的同时,也符合参会者的心理需求,可以把这些信息印在不抢眼的地方,比如笔记簿底面、钥匙链挂饰上、丝质围巾底部或皮夹内侧……越是不太引人注意但又实用的东西,不在该公司工作的获得者才越会经常拿出来使用。这样虽然商标小了,但扩大效果反而增大了。

在以纪念和表彰为主题的庆典会议上,赠送的礼物最好要与主题有关联且有一定的象征意义,还要有一定的收藏价值或使用价值,适合长时间陈列在橱窗里:奖杯或奖台、金质或银质纪念币、高档饮水杯、适合摆设的工艺品等。

· 礼物要有实用功能和高性价比

会议礼物不仅可以体现公司的形象和价值观念,也可以加深公司与个人的情感沟通。

参会人员收到就束之高阁的礼物,送出去也没有意义。所以越来越多的公司开始注重礼物的实用功能和性价比,希望礼物不仅具有纪念意义，还能被接受方认同，对参会人员的日常生活有切实作用，以体现公司对个人的人性化关怀。

比如在重要的培训、交流、总结会议上，可以挑选一些实用、使用时间长的礼物：派克钢笔、笔记本、定制文件袋等。

在福利赠送、节假日慰问等场合，最好挑选有一定使用价值、适合家庭和个人使用的实用物品。例如家庭药箱、家庭工具箱、空气加湿器、电子体温计、体脂称、按摩仪等。

· 针对不同的客户要赠送不同的礼物

不同的客户对礼物有不同的期望值。要送到客户心坎上，就要针对不同客户的个性特点，赠送与其生活水平相适应的礼物。

比如针对一般客户，可以选择一些比较实用的礼物；而对于重要客户，则可以适当挑选一些价值略高的礼物，最好能带有象征吉祥与美好的意义。例如工艺品摆件、金银纪念品、做工精美的地球仪、高档琉璃或琉璃玉工艺品，或者有一定品牌宣传意义的奢侈品等。

· 关注包装等细节

礼物的选择、包装、发放方式等细节问题，也像礼物本身一样被打上了公司的印记，从侧面体现了公司的形象和价值观念。因此，在采购会议礼物的过程中，还要关注礼物之外的细节，做到为受众考虑。

比如，在送大体积礼物时要考虑是否提供手提袋，同一个会议可根据参会对象分送不同的礼物，送给外地客人要考虑礼物是否便于携带，而送给外国客人则要考虑文化差异等禁忌。

二、平价礼物

有些礼物的适用场合比较广泛，在大部分场合都适宜赠送，因此可以在上面印上公司的标志等信息，找厂家成批定制。

几乎每个公司都有这样的价格在百元左右的定制礼品，比如带有公司标志的台历、水杯、帆布包、办公用品等，方便、实用而又独特。但是，在把它们送给比较重要的客户时，最好搭配上另外价值较高的礼物。

比较常见的礼物有以下几种：

笔、书、工艺品等纪念礼物。价位一般在百元以下，实用，便于摆放在客户的办公桌上，方便传播公司的文化理念。

台历。要求做工精美，上面不要有太多公司的宣传文字。

帆布包。可在上面印公司的标志、文化标语等。

酒水饮料类。传统而有特色，比较适合做相关产品与业务的公司。

笔记本。最好厚实且做工精致。

水杯。雕有精美图案和公司标志的玻璃杯、保温杯等。

文化衫。设计要独特别致、美观大方，有宣传和纪念意义。

三、高价礼物

邮册、纪念币。价格在千元左右，既可以体现文化品位，又可以长久保存，也有升值潜力。挑选礼物时，以讲究时效性和适合大众口味为原则，尽量不要选择只有专业人士才看的东西。不过，还要随时间的推移而挑选不同的产品，最好选择当下比较畅销的，例如奥运会期间就可以选择奥运会纪念币。

购物券、礼品卡。卡券等实用且实惠，可以为客户的工作和日常生活提供方便，可以说是很实在的礼物了。

四、展会、促销礼物

在举办展览或促销活动时给客户和参观者送恰当的小礼物，可以拉近与对方的心理距离，更好地起到宣传、推广、促销的作用。挑选礼物时，需要注意以下几点。

· 与整体推广活动一致

选择礼物时要体现公司整体市场推广活动的主题，加深客户和参观者对此次活动的印象，从而起到无形的宣传作用。

此时，送商务礼物比较合适。商务礼物可以是带有企事业单位标志的产品，具有新颖性、独特性和实用性，它首先代表的是公司的形象。与整体推广活动相一致的商务礼物，可以提高或扩大公司在经营或商务活动中的知名度，提高产品的市场占有率，从而获取更高的销售业绩和利润。

· 了解对方的心理需求

处于不同行业的企业，有着不同的企业文化。有的注重创新，有的力图展现雄厚的实力……馈赠礼物，可能是为了促销产品或推广服务，也可能更注重体现公司的文化底蕴。所以必须先了解作为礼物的产品所具有的特点，然后再结合自身的特点，让产品体现公司的独特形象。

既实用又新颖的礼物才能给受礼者留下深刻的印象。礼品策划者要大致了解客户和参观者的需求，选择具有特殊的象征和纪念意义、迎合受礼者心理需求的实用礼物。

有两位保险行销人员同时出现在一场展示会上，他们都以赠品吸引人们的关注。同样都是赠送水杯，一位送的是普通玻璃水杯，另一位则准备了手工更精细、造型更高雅的水杯。虽然赠品的用途一样，前一位却落了个"小气"的评价，没有与其所销售的商品相得益彰，自然在第一印象上输掉了。而第二位则考虑到了受礼者的生活需求水平，让客户和参观者既满足了心理需求又得到了实惠，从而达到联系情感、宣传产品的目的。

· 追踪礼物的最新动态

做好市场调查，随时追踪什么是时下时尚、流行的礼物，送出新颖的礼物，给受礼者留下深刻的印象。

五、实用性礼物

办公用品：包括笔记本、文件夹、签字笔等，可以将公司的信息印在显著的位置上。能供公司内部使用，也能作为商务礼物赠送。

电子产品：如果预算充足的话，这类礼物是不错的选择。电子产品具有实用性和技术性，受到现代人的偏爱。

皮具：精巧的皮具是常见的高档商务礼物。可以根据需要，赠送名片夹、化妆包、钱包等。

箱包：这类礼物包括旅行箱、休闲包、公文包等，适用于会议、讲座、展览会等场合。

生活用品：这类礼物是适合展会、促销赠送的普通礼物，大众的接受度较高，也包括日用品、家电等礼物。这类礼品送得得当，能给客户的生活提供便利，加深客户对企业的印象。

六、装饰性礼物

案头精品：制作精美的工艺品，外观华丽、品质考究，适用于正式商务场合。

水晶制品：晶莹透彻、绚丽夺目，品质高贵而形状多样，配以精美包装，适用于重要的纪念活动和颁发奖项的场合。

高档工艺品：具有较高的艺术性和收藏价值，适用于重要纪念活动、高级商务活动，主要包括铜器、漆器、陶瓷等。

七、广告性礼物

此类产品样式醒目而价格低廉，可以活跃卖场气氛，有效地吸引顾客的视线并唤起顾客的购买欲望，适合展览会和大型促销活动。

广告笔：功能多样、小巧实用，主要包括圆珠笔、签字笔、造型笔、品牌钢笔等，大量派发和专门赠送均适宜。

广告表：包括塑胶壳表、金属壳表、多功能表等，提醒人们在关注时间的同时也关注推广公司。

广告服饰：包括文化衫、T恤衫、夹克衫、马甲、广告帽等，与顾客"亲密"接触，让品牌深入人心。

胸徽、钥匙扣：可以有效地宣传公司的品牌形象。促销、展会上可以赠送低档产品，商务场合可以赠送高档产品。

如果是送给同样参加展会、促销活动的公司，可以选择送 PVC 笔筒、户外招牌、橱窗海报、店内台牌、软胶笔、相框、鼠标垫、卡通模型、包装制品等。此类产品多价格低廉、色彩鲜艳，可以活跃卖场气氛，适合展览会和大型促销活动。特别推荐广告伞、帐篷，这类用品实用性强，展开使用时信息醒目，有户外广告的效果，是夏季很受欢迎的赠品。

第五节　离别、乔迁、开张礼物

一、离别之礼

每一个人都经历过离别，但是不管距离多远，久处的感情都令人一时难以割舍。此时送出一件恰当的礼物，可以寄托惜别、思念与祝福之情，既能使对方睹物思人，又能激励他在新的天地里更加发奋图强，拼搏进取。

· 送包含情谊的礼物

送别之风自唐宋之际盛行，当时有十里长亭、五里短亭之别。送别时常常饮酒告别，折柳祝愿，送别的方式比较简朴。如今，送别时表情达意的载体、方式越来越多样化，赠送的礼物既体现了两人往日的情谊，又寄托了祝福和期望。

送别情人时，在"兰舟催发，执手相看泪眼"的意境中送上礼物，更能表达绵绵深情。可以赠送自己亲手编织的围巾等，虽然这种礼物比较传统，甚至看起来已经"过时"了，但是最朴素的方式里往往饱含着最真挚的情感。

· **送代表期望和祝福的礼物**

在送别亲友时，可以送礼物以表达对他的期望和祝福，期望他铭记你们的情谊，祝福他在新的天地里大有作为。

如果是文友，就可以送他一支精美的钢笔，希望他今后更加勤奋笔耕；如果是喜欢摄影的朋友，就可以送他一本相册或相机，希望他今后能拍出更多的好作品；送一只扬帆的银色工艺船，祝愿远行者一帆风顺；送鲜花、点心、水果、书籍或杂志，再附上一张写着祝福的卡片，祝愿远行者一路平安……

· **送纪念品**

如果是送礼物给分别后就少有机会再见的远行者，礼物应具有纪念意义。比如送别同学，可以赠送一本留有赠言的纪念册、珍藏版的书籍等，还可以赠送象征你们的情感或友谊的纪念品。

· **送适合的花**

离别之时赠花，万种离情都赋予鲜花碧草了。

玫瑰、勿忘我、薰衣草、秋海棠：代表爱情，适合送给将要短暂分离的恋人。

芍药、金盏菊：表达依依惜别、长相思念之情，适用于送别远行的亲友。

柳枝：柳谐音"留"，表示了送行者依依不舍的挽留之情；柳枝冬枯春荣，表达了送行者盼望远行者早归的心情；柳枝随插随活，表达了祝愿远行者随遇而安的情意。

杜鹃花：杜鹃花开时，杜鹃鸟声声啼唤，"不如归去"的鸣叫声不免令人触景生情。可以赠送一盆家乡的杜鹃花以慰远行者的思乡之情。

二、乔迁、开张之礼

乔迁新居和新店开张，历来都被人们视为一件大事，从古至今已形成了一定的规范。迁入新居希望年年有余，生意开张希望财源广进。所以前来祝贺的亲朋好友及相关人员要注意风俗，送上能表达送祝福、送财源等祝愿的礼物。

庆贺迁居的宴会一般由搬入新居的主人举办。如果没有举行宴会，那么你在首次踏进主人的新居时，要带一件礼物，当然，也千万别忘了对新房赞美几句。

选择庆祝乔迁的礼物时，应针对不同的情况选择不同的礼物。需要考虑的主要因素：房子的大小，是新房还是旧房，是套房还是单间，主人是否刚搬入新居，这是不是主人的第一个房子，等等。如果你是老住户，可以送上礼物以表示欢迎，让新邻居感到邻里和睦，为以后的融洽相处打下良好的基础。

开张典礼既代表大小企业、商店的初步成立，也是人生新路的开始，应该送上祝愿大吉大利、一帆风顺的礼物。

·送装饰品

搬迁新居和生意开张都图个喜庆、吉祥，场面一般比较大，越热闹越能衬托喜庆气氛。所以客人可以送一些装饰品活跃气氛，使场面更加热闹。

（1）代表喜庆、吉祥的装饰品。

花篮、贺联、贺幛。隆重，增加喜庆气氛。如果不能亲自参加庆典仪式，可以发贺函、贺电以示祝贺。

镜屏、古典字画。此类礼品隆重、高雅，颇能衬托主家的品位。

玉雕饰品。象征辟邪趋财，寓意吉祥如意。

盆景、盆栽。比如寓意万象更新、顺遂长久的万年青，寓意祥瑞之气的瑞香等都是不错的选择。

（2）高雅艺术品。

摆设高雅的工艺品，可以增加居室的艺术气息，体现主人的高品位。可以送陶瓷摆件、艺术花瓶、壁画、草编画、高档艺术茶具或碳雕、木雕、骨雕等雕刻品等。

（3）常见室内装饰品。

盆栽架、花盆。主人可以用来养花种草。

壁灯等灯饰。挑选时要选择精美的造型，也要注意灯光的颜色。

相框。新居的主人很有可能会用到此类装饰性物品。

木制万年历。客厅或书房里实用的装饰品。

图画。用来装饰墙面、家具、地板或天花板等。

玩偶等装饰品。增加居室生活气息。

摇椅。可以摆在阳台上，做放松、休闲之用。

鱼缸。送给有雅趣者的传统礼物，选送时最好配上相关物品。

· 送鲜花

鲜花是庆祝亲友乔迁新居时最常规的礼物，既能装点新居又能增添喜气。如果是送给乔迁的生意伙伴，则既联络了双方的感情，又宣传了自身。所以，大部分公司都会组织公关部送上鲜花贺篮，在花篮的绸带上写上祝贺语和公司名称，以示助兴及祝愿，也借此扩大公司的影响。

宜送适合阳台养殖的多年生盆花。如果预先送到，能提前摆在客厅或餐桌上，增加喜宴的欢乐气氛。

也可以送花束或花篮。适合制作花束或花篮的材料很多，可以参考花店的意见，也可以自己搭配。鲜花一般可以选择月季、紫薇等（这类花的花朵繁茂且花期长），再配上一些常青植物。一般花枝数取"八"，寓意"开张大发"，也有"兴旺发达、财源茂盛"之意。总之，赠送有美好祝愿的花。

送寓意大吉大利的花。如唐菖蒲、百合、玫瑰、菊花、满天星、鱼尾葵、铃兰、太阳花、康乃馨、鹤望兰、火鹤等。

送寓意喜庆、热烈的花。如百合、一品红、大丽花等。

送寓意繁荣昌盛、富贵的花。如牡丹、富贵竹、月季、黄色金鱼草、八仙花、郁金香等。

送寓意宏图大展、红运当头的花。如剑兰（衬孔雀草）、红掌、向日葵、红色金鱼草、紫红鸢尾，或者非洲菊、紫薇、文竹的组合。

另外，还要注意一些因文化差异等原因而引起的禁忌。比如，给港台地区的客商送花，就要忌梅花与茉莉，因为梅谐音"霉"，"茉莉"谐音"没利"。

· 送日用品

庆贺乔迁开张时，送一些较实用的日用品也是一种选择。

新信箱、门环、门牌。乔迁者可能还没有来得及购买这些小物件，可以及时送去。

挂钩、台灯。这些都是生活必需品，作为礼物也是不错的选择。

踏步垫、拖鞋架、伞架。方便，又可以保持新居的洁净。

剪刀等修剪花草的用具。

普通蜡烛或香薰蜡烛等。既是停电时急需的物品，也是可以增加生活情调的辅助品。

茶具、懒人沙发等，是现在年轻人很喜欢的一款礼物。

餐具、保温壶、豆浆机、小型烤箱、微波炉等厨房用具。另外，还可以送一套漂亮的调味罐，既实用，也可以装饰厨房。

收纳箱、布帘。这类礼物较能满足乔迁之家的主妇的需求，是乔迁时较常送的一类礼物。

穿衣镜、衣架等。挂衣、正容时的必需品。

生活健康类书籍或一份当地的报纸。涉及医药小百科、家事小秘诀之类的书籍是辅助家居与生活健康的指南，烹饪书籍是餐桌上少不了的工具书。当地的报纸可以方便乔迁者了解社情，使其很快地习惯当地的生活。

新公司开张，送去花篮是个比较稳妥的主意。

· **其他礼物**

庆祝乔迁也可送些特别的礼物，如为主人家的孩子送些适宜的礼物，像漂亮的钢笔、便笺、笔筒等。

酒水零食。如葡萄酒、香槟酒等酒类，或者蛋糕、水果等食品。

小巧的开瓶器等。

户外活动用品。如草地棒球、排球、羽毛球等。如果新邻居喜欢户外活动，这些礼物必能受到青睐。

当然，也可以送红包，这种方式传统而实际。